DAS BIKINI BOOTCAMP

REZEPTBUCH

WWW.DAS-BIKINI-BOOTCAMP.DE

riva

SILKE KAYADELEN
Die Abnehmexpertin und Trainerin,
bekannt aus *The Biggest Loser*
MIT HEINER ROMBERG

DAS BIKINI BOOTCAMP

REZEPTBUCH

riva

Bibliografische Information der Deutschen Nationalbibliothek:
Die Deutsche Nationalbibliothek verzeichnet diese Publikation in der Deutschen Nationalbibliografie; detaillierte bibliografische Daten sind im Internet über http://d-nb.de abrufbar.

Wichtiger Hinweis
Sämtliche Inhalte dieses Buchs wurden – auf Basis von Quellen, die die Autoren und der Verlag für vertrauenswürdig erachten – nach bestem Wissen und Gewissen recherchiert und sorgfältig geprüft. Trotzdem stellt dieses Buch keinen Ersatz für eine individuelle Fitnessberatung und medizinische Beratung dar. Wenn Sie medizinischen Rat einholen wollen, konsultieren Sie bitte einen qualifizierten Arzt.
Der Verlag und die Autoren haften für keine nachteiligen Auswirkungen, die in einem direkten oder indirekten Zusammenhang mit den Informationen stehen, die in diesem Buch enthalten sind.

Für Fragen und Anregungen:
info@rivaverlag.de

Originalausgabe
1. Auflage 2017

Nymphenburger Straße 86
D-80636 München
Tel.: 089 651285-0
Fax: 089 652096

Umschlaggestaltung: Christoph Dirkes · mediathletic bild + design · www.mediathletic.com
Umschlagabbildung vorne: Silvio de Negri
Umschlagabbildungen hinten: Stefania Lettini
Lektorat: Caroline Kazianka
Layout und Satz: Christoph Dirkes · mediathletic bild + design · www.mediathletic.com
Bildbearbeitung: Yorck Schultz · mediathletic bild + design · www.mediathletic.com
Druck: Florjancic Tisk d.o.o., Slowenien
Printed in the EU

ISBN Print 978-3-7423-0108-6
ISBN E-Book (PDF) 978-3-95971-522-5
ISBN E-Book (EPUB, Mobi) 978-3-95971-521-8

Weitere Informationen zum Verlag finden Sie unter
www.rivaverlag.de
Beachten Sie auch unsere weiteren Verlage unter
www.m-vg.de

FÜR DICH!

VON HEINER UND SILKE –
DEINEN ABNEHMCOACHES

INHALT

TEIL 6

EINLEITUNG

DAS BIKINI-BOOTCAMP

In unserem Buch *Das Bikini-Bootcamp* haben wir mit unserer „Natural Weightloss"-Methode dargelegt, wie jede Frau (aber auch jeder Mann!) gesund und nachhaltig abnehmen kann, ohne dabei auf Genuss zu verzichten. Den Einstieg bildet ein 21-tägiges Intensivprogramm, das eigentliche „Bootcamp", in dem täglich sportliches Training absolviert wird und man sich beim Essen möglichst genau an die vorgegebenen Rezepte hält.

Wenige Monate nach dem Erscheinen des Buches sind wir überwältigt von dem Erfolg! Und damit meinen wir nicht nur die Nachfrage nach dem Buch, sondern auch die vielen glücklichen Menschen, die mit unserer Methode abgenommen, Gesundheit und Lebensfreude wiedererlangt und uns von ihrem Erfolg berichtet haben. Zahlreiche Erfahrungsberichte von Teilnehmern, mit Vorher-nachher-Bildern, sind auch in diesem Buch versammelt.

Im Internet hat sich eine riesige Community gebildet, in der sich die Teilnehmer des Bikini-Bootcamps aktiv austauschen und auf ihrem Weg in ein gesünderes Leben unterstützen.

Viele machen das Bootcamp sogar zweimal oder noch öfter hintereinander, weil sie etwas mehr als ein paar Kilo abnehmen möchten. Daher wurden wir oft nach neuen Rezepten gefragt.

Das vorliegende Buch enthält über 100 neue Rezepte für das Bootcamp und die Zeit danach und gibt damit jedem Teilnehmer die Möglichkeit, seinen Ernährungsplan noch abwechslungsreicher und individueller zu gestalten. Viele Leser haben das

Camp vielleicht schon einmal absolviert oder sind gerade dabei, andere beginnen zum ersten Mal damit. Damit alle darüber Bescheid wissen, was sie in diesem Buch bzw. in den nächsten Wochen erwartet, fassen wir noch mal die hinter dem Bootcamp stehende Idee zusammen.
Aus dem Namen Bikini-Bootcamp wird schon deutlich, dass es sich um ein zeitlich begrenztes, intensives Trainings- und Ernährungsprogramm handelt. In den 21 Tagen des Camps lernst du, bewusster mit deinem Körper umzugehen. Dazu gehört nicht nur ein anspruchsvolles körperliches Training, sondern auch eine Umstellung der Ernährungsweise.
Du wirst Lebensmittel und Gewürze kennenlernen, die in dieser Form wahrscheinlich noch nicht zu deinem Alltag gehören. Uns Autoren ist es wichtig, dass die Ernährung vielseitig sowie ausgewogen ist und – nicht zu vergessen – auch mengenmäßig ausreicht. Unsere „Natural Weightloss"-Methode beruht auf dem Grundsatz der negativen Energiebilanz (das heißt, es werden weniger Kalorien aufgenommen als verbrannt). Innerhalb dieses Rahmens besteht für jeden Campteilnehmer eine gewisse Gestaltungsfreiheit, sowohl was das Training als auch die Reihenfolge der Speisen betrifft. Persönliche Abneigungen gegen manche Lebensmittel werden ebenso berücksichtigt wie Allergien. Darin unterscheiden wir uns deutlich von den gängigen Diäten und modernen Ernährungsformen wie „vegan" oder „Paläo", welche von vornherein ganze Nahrungsgruppen ausschließen. Ein wesentliches Ziel des Camps ist es, ein neues Essverhalten zu erlernen und den Sport als wichtigen Bestandteil einer Lebensstiländerung zu begreifen. Wir haben darüber hinaus mit der Bikini-Bootcamp-Gruppe auf Facebook ein Netzwerk geschaffen, welches nicht nur die Kommunikation der Campteilnehmer untereinander ermöglicht, sondern uns auch die Gelegenheit gibt, uns immer wieder beratend zu alltäglichen Problemen zu äußern.
Wie im Sport üblich, so geht auch dieses Trainingslager einmal zu Ende, und jeder muss dann im Alltag das Erlernte für sich umsetzen. Dazu gehört zum einen, die Energiemenge wieder langsam zu steigern, bis das erreichte Gewicht gehalten wird. Hierzu haben wir den PEU, den persönlichen Energieerhaltungsumsatz, eingeführt.
Wie dieser errechnet wird, steht in unserem Buch *Das Bikini-Bootcamp*.
Zum anderen gilt es, ein auf die neue Energiemenge abgestimmtes Sportverhalten zu finden. Das hört sich vielleicht kompliziert an, ist es aber in Wirklichkeit nicht.
Mit dem erlernten Wissen und der Erfahrung aus dem Bootcamp sollte es eigentlich jedem möglich sein, sein erreichtes Gewicht zu halten.
Diejenigen, die noch mehr abnehmen wollen, können das Camp einfach mehrmals wiederholen, bis sie das Zielgewicht erreicht haben.

Und nun viel Erfolg!

Deine Coaches Silke und Heiner

TEIL 1

DAS CAMP – EIN KURZER ÜBERBLICK

Bevor wir uns den neuen Rezepten zuwenden, geben wir für all die, die unser Buch ***Das Bikini-Bootcamp*** nicht kennen, zunächst eine Zusammenfassung der Methode und wichtigsten Inhalte.

Das Wesentliche ist eine auf zunächst 21 Tage beschränkte Umstellung des Ernährungsverhaltens in Verbindung mit täglichen Sporteinheiten. Das Ganze findet in Form eines Bootcamps, also eines Intensivprogramms, statt, das zunächst auf 21 Tage begrenzt ist, aber auch mehrfach wiederholt werden kann.

Es beginnt mit einem ***Bodycheck***, bei dem Körpermaße und Gewicht schriftlich und in Bildern festgehalten werden. Danach folgt ein ***Fitnesstest***, um zu Beginn die körperliche Leistungsfähigkeit zu dokumentieren, diesen Test wirst du ebenso wie den Bodycheck am Ende des Camps wiederholen, um deine Fortschritte sichtbar zu machen. Dem eigentlichen Camp ist ein ***Cleaning Day*** vorgeschaltet. Er dient der Reinigung des Verdauungssystems und soll dich auf die kommenden Tage einstimmen. Danach beginnen die 21 Camptage. Jeder Tag ist durchstrukturiert und besteht aus folgenden Elementen:

ERNÄHRUNG

Für jeden Tag werden drei Mahlzeiten vorgegeben. Im Falle einer Unverträglichkeit sind diese jedoch untereinander austauschbar, sodass genügend individueller Spielraum besteht. Wir legen Wert auf eine gesunde Mischkost. Nur auf Alkohol, Süßspeisen sowie Zucker musst du im Camp verzichten. Für den kleinen Hunger zwischendurch gilt: Gemüse all you can eat, sowie drei Stück Obst am Tag. Solltest du unterwegs Hunger bekommen, so hast du immer eine Portion Mandeln bei dir. Falls aus irgendwelchen Gründen eine Mahlzeit ausfallen muss, haben wir einen Notfall-Proteinshake für dich entwickelt. Im Durchschnitt nimmst du 1250 kcal pro Tag zu dir.

SPORT

Er besteht aus zwei HIIT(hochintensives Intervalltraining)-Einheiten von der DVD, die dem ersten Buch, *Das Bikini-Bootcamp*, beigelegt ist, sowie aus einer Krafteinheit, welche im ersten Buch genau beschrieben wird. Der Zeitaufwand für den Sport beträgt je nach Leistungsstand 60 bis 75 Minuten pro Tag.

TEATIME

Darunter verstehen wir eine frei wählbare Besinnungspause pro Tag, in der du verschiedene Teesorten genießen kannst. Solltest du einen Lieblingstee haben, so kannst du diesen natürlich weiterhin verwenden.

BEST OF AUSREDEN

Sie zeigen dir immer wiederkehrende, gern genutzte Ausreden und vor allem auch, wie man ihnen am wirkungsvollsten begegnet.

MOTIVATIONSSPRÜCHE

Jeder Tag beginnt mit einem Gedanken, der dich speziell für diesen Tag motivieren soll.

SPECIAL TASK

Eine besondere kleine Aufgabe, die sich sonst im Alltag nicht findet.
Zusätzlich gibt es an Tag 3, 10 und 17 eine ***Challenge*** in Form einer anspruchsvollen sportlichen Herausforderung. Die Tage 7, 14 und 21 sind ***Wiegetage***.

So, nun kennst du die Bausteine der einzelnen Tage oder konntest sie dir wieder in Erinnerung rufen. Solltest du das erste Buch noch nicht haben, so möchten wir dir sehr empfehlen, es zu besorgen, denn nur so kannst du unser Konzept auch wirklich wirkungsvoll umsetzen.

TEIL 2

FRAGEN UND ANTWORTEN

In diesem Kapitel findest du Antworten auf immer wieder gestellte Fragen zum Ablauf des Bikini-Bootcamps und speziell zur Ernährung.

WARUM SOLLTE ICH IN DER ERSTEN WOCHE DES BIKINI-BOOTCAMPS (BBC) KEIN GERICHT AUSTAUSCHEN?

Die Gerichte des BBC sind in der ersten Woche relativ kohlenhydratarm. Dadurch wird, bedingt durch den Verlust an gespeichertem Zucker (Glykogen), zusätzlich auch Wasser ausgeschwemmt. Diesen Vorgang solltest du möglichst nicht unterbrechen. Außerdem ist es für jeden Einsteiger einfacher, sich zuerst mal exakt nach einem Plan zu richten.

WARUM SOLLTE MAN ABENDS KEINE KOHLENHYDRATE ESSEN?

Grundsätzlich ist es egal, wann du Kohlenhydrate zu dir nimmst, sofern deine Energiebilanz stimmt. Zum Abnehmen ist es aber sinnvoll, abends weitgehend auf Kohlenhydrate zu verzichten, um die Kohlenhydratspeicher zu entleeren, besonders in Verbindung mit dem morgendlichen Workout. Daher ist die Mahlzeit 3 im Bikini-Bootcamp stets besonders kohlenhydratarm.

SOLLTE MAN SICH STRENG AN DIE VORGABEN DES BUCHES HALTEN?

Wer das 21-Tage-Intensivprogramm absolvieren möchte und mit den vorgegebenen Gerichten keine Probleme hat und alles verträgt, sollte sich möglichst an die Vorgaben des Ernährungsplans auf Seite 31 halten. Im Falle von Allergien und Abneigungen können einzelne Gerichte oder Zutaten natürlich weggelassen werden, sie sollten aber möglichst durch andere BBC-Gerichte ersetzt werden.
Wer die Reihenfolge verändern möchte, kann auf jeden Fall die Mahlzeiten 2 und 3 am jeweiligen Tag tauschen.

Wer schon erfolgreich abgenommen hat und sein Gewicht halten möchte, kann natürlich auch immer wieder eine BBC-Mahlzeit oder einen BBC-Tag zur Entlastung dazwischenschieben. Sucht euch hierzu einfach nach Lust und Laune Rezepte aus diesem und dem letzten Buch aus. Ab Seite 122 werden viele zusätzliche Rezeptideen speziell für die Zeit nach dem Camp angeboten.

MUSS ICH UNBEDINGT DREI MAHLZEITEN ESSEN, WENN ICH NACH ZWEI GERICHTEN BEREITS SATT BIN?

Sollte ein Gericht einmal zu groß sein, so kannst du es auf zwei Portionen aufteilen und den Rest abends oder am nächsten Tag essen. Die Mahlzeiten des BBC erscheinen manchmal groß, dies liegt an dem hohen Gemüseanteil. Auch mengenmäßig große Mahlzeiten enthalten aber nur eine relativ geringe Kalorienmenge.

MANCHMAL BLEIBT ETWAS ÜBRIG, WAS MACHE ICH DAMIT?

Sofern es sich lohnt, kann man vieles einfrieren. Ansonsten kannst du Reste im Kühlschrank aufbewahren und am nächsten Tag essen.

REICHEN BEI MENSCHEN MIT ÜBER 130 BIS 150 KG KÖRPERGEWICHT DIE MENGEN AUS?

Ja, sowohl vom Volumen als auch von der Kalorienmenge her. Diese berechnet sich immer nach dem Grundumsatz des Wunschgewichtes und nicht nach dem aktuellen Gewicht.
Schwerere (adipöse) Menschen benötigen nicht immer mehr Kalorien als Normalgewichtige, da bei ihnen oft sehr viel stoffwechselinaktives Fettgewebe vorhanden ist. Im BBC muss keiner hungern, da für Gemüse „all you can eat" gilt und der Gemüseanteil in den Mahlzeiten individuell angepasst werden kann.

WOHER BEKOMME ICH DIE LEBENSMITTEL?

In Großstädten ist das Einkaufen kein Problem. In ländlichen Gebieten musst du das eine oder andere eventuell im Internet bestellen.

DARF ICH KAFFEE TRINKEN UND WENN, AUCH MIT MILCH?

Kaffee regt die Magensäure an und kann zu Hungergefühlen führen. Wer aber auf seine Tasse Kaffee zum Frühstück nicht verzichten will, kann sie ruhig genießen. Auch ein Spritzer fettarme Milch ist erlaubt. Aber: Wir reden nur von einer Tasse Kaffee!

DARF ICH IN DEN 21 TAGEN WIRKLICH NICHT NASCHEN?

Klare Antwort: NEIN. Du willst deine Ernährung umstellen und da sind Naschereien aller Art nicht willkommen. Du hast aber wirklich genügend Ausweichmöglichkeiten. Die erste Runde des BBCs dauert 21 Tage. Diese 21 Tage sind genau definiert und bieten dir viel Spielraum. Die Möglichkeit, zu den drei Mahlzeiten noch drei Portionen Obst frei zu wählen, das Prinzip „Gemüse all you can eat", die eine Handvoll Mandeln und die Option, die Mahlzeiten 1 und 2 an dem jeweiligen Tag zu tauschen, das alles engt dich nicht zu sehr ein. So hast du einerseits das richtige Maß an Freiheit, aber andererseits auch genaue Vorgaben.

IST DAS BBC AUCH FÜR MÄNNER GEEIGNET?

Ja, definitiv. Wir kennen einige Männer, die sehr gute Ergebnisse mit dem BBC erzielt haben – in diesem Buch finden sich auch einige Erfolgsgeschichten von Männern. Ursprünglich war das Programm wirklich nur für Frauen gedacht. Aber manche Frauen wollten gern gemeinsam mit ihrem Partner abnehmen, und dies hat sehr gut geklappt.

MUSS ICH AUF KAUGUMMI VERZICHTEN?

Nur in den ersten 21 Tagen. Kaugummi regt die Speichelbildung an und der Körper erwartet eine entsprechende Energiemenge zur Verdauung. Nach dem Camp muss dann keiner mehr auf seine liebgewonnene Angewohnheit verzichten. Viele Teilnehmer stellen aber fest, dass sie alte Gewohnheiten aufgegeben haben und sie auch nicht mehr vermissen.

WARUM GERADE MANDELN ALS SNACK?

Mandeln bieten ein ausgewogenes Verhältnis von gesättigten und ungesättigten Fettsäuren. Zudem haben sie einen lang anhaltenden Sättigungseffekt und enthalten mit viel Vitamin E ein starkes Antioxidans. Nicht zu unterschätzen sind auch der Proteinanteil sowie die Konzentration von Spurenelementen.
Wer keine Mandeln verträgt, kann diese natürlich austauschen. Alternativ eignen sich zum Beispiel Walnüsse.

ZÄHLEN KARTOFFELN UND MAIS AUCH ZUM „ALL YOU CAN EAT"-GEMÜSE?

Mais ist kein Gemüse, sondern ein sogenanntes Süßgras. Auch die Kartoffel ist laut Definition der WHO kein Gemüse. Also gilt für beides nicht das Prinzip „Gemüse all you can eat".

KANN ICH GEMÜSE BELIEBIG AUSTAUSCHEN?

Bei den ersten 21 Tagen ist es wichtig, die Mahlzeiten genau einzuhalten. Wer ein Gemüse aber überhaupt nicht mag oder es nicht verträgt, kann es natürlich austauschen. Wer das BBC mehrfach macht und sich in der zweiten, dritten oder auch vierten Runde befindet, kann das Gemüse in den Rezepten beliebig austauschen. So hat man mehr Abwechslung und lernt zudem nach und nach, ohne genaue Vorgaben BBC-tauglich zu kochen und sich zu ernähren.

EIGNET SICH DAS PROGRAMM AUCH FÜR DIABETIKER?

Das Programm sollte für Typ-2-Diabetiker kein Problem darstellen. Im Zweifel aber immer den Arzt fragen. Typ-1-Diabetiker sollten nur nach Rücksprache mit dem behandelnden Arzt mit dem Programm beginnen.

KANN ICH SÜSSSTOFF VERWENDEN?

Während des Camps verzichten wir auf Süßstoffe, um von dem zuckerlastigen Essverhalten wegzukommen. Es gibt genügend Alternativen in Form von Beeren oder zum Beispiel Mango.

WENN ICH MAL MASSIV GESÜNDIGT HABE, MUSS ICH DANN NEU ANFANGEN?

Natürlich nicht. Solche Ausrutscher passieren und sind menschlich. Am besten machst du einfach am nächsten Tag wie gewohnt weiter. Vielleicht kannst du ja eine Trainingseinheit mehr einbauen.

WAS HEISST DREI PORTIONEN OBST?

Drei Portionen Obst heißt zum Beispiel: eine Banane, ein Apfel und eine Birne oder eine Handvoll Weintrauben, eine Orange und eine Handvoll Ananas.
Bitte beachten, getrocknetes Obst ist nicht gemeint!

MUSS ICH FÜR MEINE FAMILIE ETWAS ANDERES KOCHEN ODER KÖNNEN SIE DIE MAHLZEITEN AUCH ESSEN?

Natürlich kann die ganze Familie mitessen. Die Ernährung im BBC ist ausgewogen, kalorienreduziert und gesund. Wichtig ist nur, dass Kindern dabei nicht vermittelt wird, dass sie jetzt Gerichte einer Diät zu sich nehmen. Erstens stimmt dies nicht, weil das BBC keine Diät ist, und zweitens sollten Kinder und Jugendliche so lang es geht nicht mit dem Thema „Diät" oder „Abnehmen" konfrontiert werden.
Einfach gemeinsam mit der Familie die Gerichte testen und sehen, wie sie ankommen. Wichtig ist auch, dass keine Mengen vorgegeben werden. Erwachsene und auch Kinder sollen so viel essen, bis sie satt sind.

DARF ICH ZUCKER IN MEINEN KAFFEE ODER TEE GEBEN?

Nein, in den 21 Tagen solltest du ausschließlich Ungesüßtes trinken. So lernst du wieder, normal zu trinken, und zwar dann, wenn du Durst hast, und nicht, wenn du etwas schmecken willst.

MUSS ICH IMMER WIEDER MIT DEM CLEANING DAY BEGINNEN?

Der Cleaning Day ist wichtig für die Vorbereitung auf die 21 Tage. Die Erfahrung zeigt, dass dieser Tag besonders den Kopf auf die 21 Tage vorbereitet. Nach dem Cleaning Day fällt der Einstieg in das Programm viel leichter. Wenn du das BBC wiederholst, kannst du selbst entscheiden, ob du wieder mit dem Cleaning Day anfängst. Unser Tipp: Wer nach der ersten BBC-Runde gleich in die nächste Runde startet, braucht nicht unbedingt wieder einen Cleaning Day. Liegt aber eine längere Zeit zwischen den einzelnen Runden, sollte jede Runde wieder mit einem Cleaning Day beginnen.

KANN ICH, OBWOHL ICH AN DER SCHILDDRÜSENERKRANKUNG HASHIMOTO-THYREOIDITIS LEIDE, AUCH ABNEHMEN?

Ja, wenn du von deinem Arzt richtig eingestellt wurdest, nimmst du auch ab.
Uns haben zahlreiche Erfolgsgeschichten von Teilnehmern mit Hashimoto erreicht, hier im Buch zum Beispiel die Geschichte von Leslie W. (Seite 118).

GILT BEIM TAG 0, DEM CLEANING DAY, AUCH: GEMÜSE ALL YOU CAN EAT, DREI PORTIONEN OBST UND EINE HANDVOLL MANDELN?

Nein, der Cleaning Day ist genau vorgegeben.

TEIL 3

WELCHER ABNEHMTYP BIN ICH?

Fast and furious oder slow and mighty – viele Wege führen nach Rom! Leider ist das Leben manchmal ungerecht. Während bei dem einen nach einer Ernährungsumstellung die Pfunde nur so dahinschmelzen, tut sich bei dem anderen wochenlang sehr wenig. Dabei sprechen wir nicht von Stoffwechselkrankheiten wie zum Beispiel Schilddrüsenerkrankungen – das Phänomen zeigt sich auch bei gesunden Menschen.

Wie gut und schnell ein Ernährungskonzept funktioniert, hängt also stark von der jeweiligen Person ab und wird von verschiedenen Umständen beeinflusst. Angefangen bei Unverträglichkeiten bestimmter Nahrungsmittel bis hin zu beruflich bedingten Vorgaben zu den Essenszeiten, zum Beispiel bei Schichtarbeit. Auch die Vereinbarkeit von Familie und gesundem Abnehmen kann ein großes Problem darstellen.

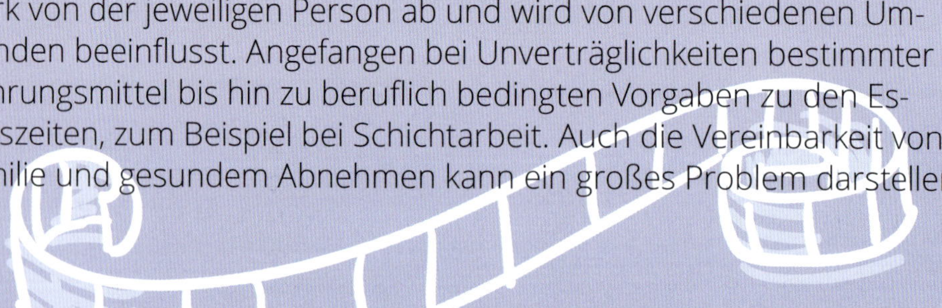

Welcher Abnehmtyp bin ich?

Von diesen äußeren Einflüssen abgesehen gibt es noch andere Faktoren, die deinen Abnehmtyp bestimmen. Das sind zum einen die Eltern, also die Veranlagung, mehr Fettzellen zu haben als andere. Wenn die Eltern Probleme mit dem Gewicht haben, so vererben sie diese nicht selten an die Kinder. Auch der persönliche Grundumsatz kann stark variieren, im Einzelfall bis zu 25 Prozent nach oben und unten, und das bei gesunden Menschen. Viele haben bereits Ernährungsumstellungen hinter sich und immer wieder hat sich der Jo-Jo-Effekt bemerkbar gemacht. Manchmal liegt es daran, dass man die Konzepte für sich nicht wirklich umsetzen konnte oder wollte. Der eine benötigt eben eine strenge Führung (natürlich auf freiwilliger Basis), um sein Ziel zu erreichen, während der andere mehr Selbstverantwortung übernehmen kann.

Auch ist nicht jeder bereit, regelmäßig Sport, vor allem Kraftsport, zu treiben. Gesundes Abnehmen und Schlankbleiben gehen nun mal nicht ohne Bewegung, und dessen sollte man sich deutlich bewusst sein, wenn man dauerhaft etwas verändern will.

Du kannst deinen Abnehmtyp grob selbst bestimmen. Dazu haben wir einige Fragen zusammengestellt. Nimm dir zur Beantwortung ein paar Minuten Zeit, es lohnt sich.

- Ist dein Stoffwechsel, besonders deine Schilddrüse, gesund?
- Hattest du in der Vergangenheit Schwierigkeiten, abzunehmen?
- Kannst du deinen Beruf und eine Ernährungsumstellung gut miteinander vereinbaren?
- Steht deine Familie hinter deinem Projekt?
- Sind deine Eltern oder einer der Elternteile übergewichtig?
- Kennst du deinen Grundumsatz bezogen auf dein angestrebtes Wunschgewicht? Wie hoch ist er?
- Ernährst du dich lieber streng nach den Vorgaben eines Konzeptes oder variierst du gerne, um mehr Abwechslung zu schaffen?
- Bist du bereit, regelmäßig Sport zu treiben, auch wenn es dich Überwindung kostet?
- Die Beantwortung dieser Fragen erlaubt es dir, dich grob zu orientieren. Den Weg musst du nun allein gehen und du weißt ja: Es führen viele Wege nach Rom. Das BBC gibt dir ein auf all die oben genannten Bedürfnisse zugeschnittenes Konzept zur Umstellung deines Lebensstiles an die Hand und Tausende haben inzwischen schon erfolgreich damit abgenommen, sind fitter, gesünder, glücklicher und attraktiver geworden.

ERFOLGSGESCHICHTE

ALEXANDRA W. UND THOMAS G.

ALTER: 41 UND 47 JAHRE
WOHNORT: GERNSBACH
BERUF: EINZELHANDELSKAUFFRAU, PAPIERTECHNOLOGE

Wie seid ihr auf das BBC aufmerksam geworden?
Übers Internet, aber auch über eine Bekannte, die davon gehört hatte.

Welche Gründe hattet ihr, mit dem BBC zu starten?
Während ich krankgeschrieben war, nahm ich 6 kg zu und wollte die wieder loswerden. Thomas hatte eine Knie-OP und der Arzt ordnete dringend eine Gewichtsreduzierung an. Wir beide haben schon etliches versucht und sind immer gescheitert, wenn sich nichts tat. Oder es war der All-inclusive-Urlaub, der einen wieder in die alten Gewohnheiten fallen ließ. Trotzdem hatte ich die Hoffnung, dass es doch etwas geben musste, was funktioniert.

Was ist euch besonders schwergefallen?
Auf meine Süßigkeiten zu verzichten. Nur allein der Geschmack im Mund. Ich habe aber gelernt, dann etwas zu trinken, zum Beispiel einen Tee, der süßlich schmeckt. Oder ich kaute auf Mandeln rum und putzte danach die Zähne. Aber ich dachte mir auch, dass ich es schaffen kann, 21 Tage lang darauf zu verzichten, schließlich wusste ich ja, wo ich hinwollte. Und ich stellte mir vor, wie schön es wäre, mein Ziel zu erreichen.

Was gefällt euch am besten?
Dass man relativ schnell Veränderungen wahrnimmt, auch wenn sie auf der Waage noch nicht sichtbar sind.

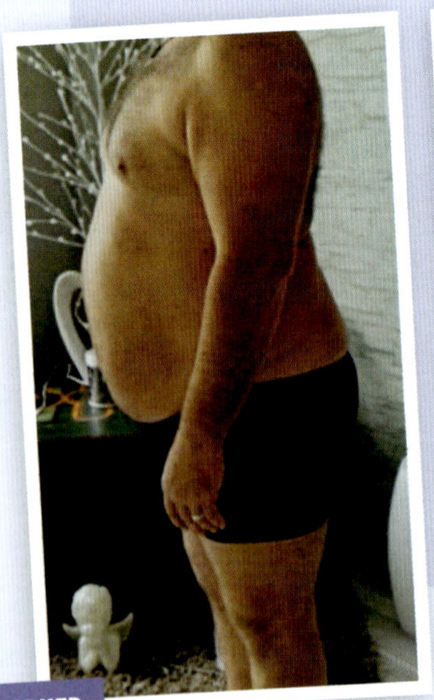

VORHER

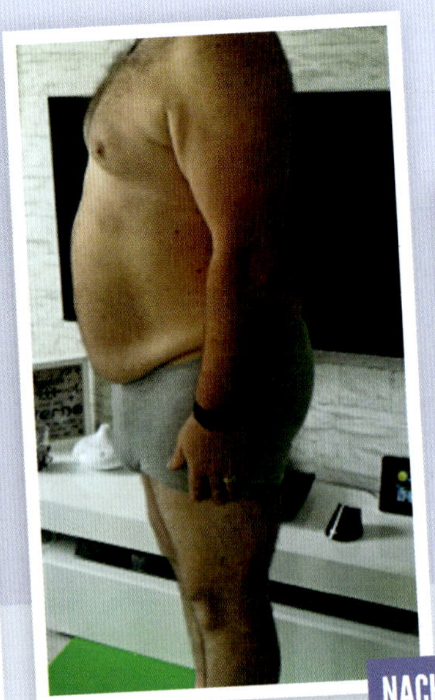

NACHHER

ERGEBNISSE

THOMAS
NACH 21 TAGEN:

Gewicht: –10,3 kg
Umfang Bauch: –5,3 cm
Umfang Oberschenkel: –3,3 cm
Kleidergröße: von 60 auf 58

VORHER

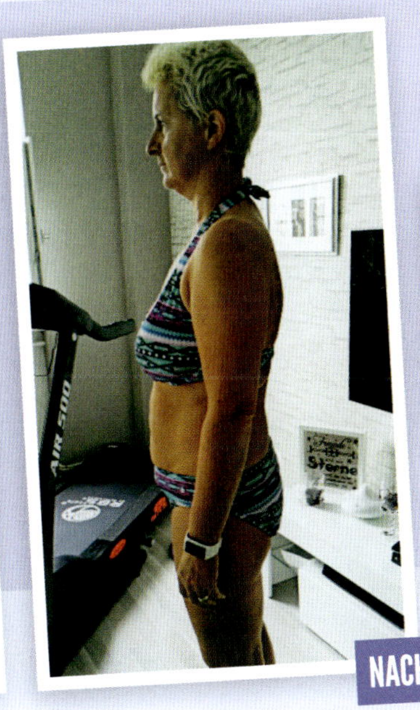

NACHHER

ERGEBNISSE

ALEXANDRA NACH 21 TAGEN:

Gewicht: –6,3 kg
Umfang Bauch: –4,3 cm
Umfang Oberschenkel: –2,6 cm
Kleidergröße: von 40 auf 38

Was hat sich in eurem Leben geändert?
Man ist beweglicher, hat mehr Ausdauer und der Sport macht einem richtig viel Spaß. Ich habe nach meiner Reha den Sport weitergemacht und Spaß daran gefunden. Das allgemeine Wohlbefinden ist der Hammer!

Welche Erkenntnisse nehmt ihr mit?
Dass man auch von Obst und Gemüse satt werden kann. Und dass es keine riesengroßen Mengen sein müssen. Aber auch, dass man dann schneller und länger satt ist.
Außerdem habe ich gesehen, dass es sich lohnt, neue Lebensmittel kennenzulernen, die man vorher noch nie verwendet hat. Eine wichtige Erfahrung ist, dass man es schaffen kann, wenn man es wirklich möchte.

Wie habt ihr euch nach einem Durchhänger wieder auf die richtige Spur gebracht?
Wir hatten gar keine Durchhänger, da man fast immer satt war und somit gar nicht ins Nachdenken gekommen ist, was man nun essen könnte.
Ich hatte immer den Sommerurlaub vor Augen, in dem ich fitter und etwas schlanker sein wollte.

Wie hat euch euer Umfeld unterstützt?
Ich hatte das Glück, dass mein Mann auch mitgemacht hat. Unsere Kinder durften auch ab und an mal, wenn etwas übrig blieb, davon probieren. Nicht alles hat ihnen geschmeckt, aber sie fanden es gut, dass wir das gemeinsam angegangen sind und weitermachen.
Der Arzt hat beim Kontrolltermin wegen der Knie-OP gleich zu meinem Mann gesagt: „Oh, der Bauch ist ja ganz schön kleiner geworden, weiter so."
Und mein Mann dann: „Ja selbstverständlich."

ERFOLGSGESCHICHTE

STEFANIE W.

ALTER: 34 JAHRE
WOHNORT: ERFURT
BERUF: ALTENPFLEGERIN, ZURZEIT IM ERZIEHUNGS-URLAUB

Wie bist du auf das BBC aufmerksam geworden?
Durch einen Werbepost bei Facebook.

Welche Gründe hattest du, mit dem BBC zu starten?
In erster Linie, meinen BMI zu verringern und einige Kilos verschwinden zu lassen, die seit ein paar Jahren zu viel waren. Außerdem wollte ich wieder ein besseres Körpergefühl erlangen.

Was unterscheidet das BBC von anderen Abnehmprogrammen?
Das Zusammenspiel von gesunder Ernährung und Sport, der tägliche Leitfaden von Rezepten und Sporteinheiten, die sympathische Sporttrainerin in den Videos ;-). Zudem die gegenseitige Motivation in der Gruppe bei Facebook sowie die Unterstützung zum Beispiel durch Live-Videos von Silke und Heiner.

Was ist dir besonders schwergefallen?
Am schwersten war es, den Sport konstant durchzuziehen. Aber die tollen Vorher-nachher-Ergebnisse, die im Netz gepostet wurden, haben mir das Ziel vor Augen gehalten.

Was gefällt dir am besten?
Am BBC ist alles super. Am meisten motiviert haben mich die Rezepte und natürlich das Mutmachen anderer Teilnehmer und die Live-Videos von Silke und Heiner.

Was hat sich in deinem Leben geändert?
Ich habe mehr Kondition und ein ganz neues Körpergefühl entwickelt und außerdem mehr Selbstbewusstsein erlangt.

Welche Erkenntnisse nimmst du mit?
Ich habe für mich die gesunde Lebensweise entdeckt, die eine Kombination aus gesunder Ernährung und sportlicher Aktivität ist.

Mit welchen Argumenten könntest du eine Freundin fürs BBC gewinnen?
Zwei meiner besten Freundinnen sind schon dabei, mit BBC ihre eigenen Erfolge zu erzielen.

Wie hast du ich nach einem Durchhänger wieder auf die richtige Spur gebracht?
Ich habe mir meine Vorher-nachher-Fotos angeschaut und bin öfter bei Facebook in die BBC-Gruppe gegangen, um mir neue Motivation zu holen.

Ist das BBC auch familien- und partnertauglich?
Absolut! Die Sporteinheiten sind mitunter zeitaufwendig, aber es ist definitiv machbar, sie auch in einen Familienalltag einzubauen. Und die Gerichte kamen bei meinen vier Kindern und meinem Mann gut an.

Wie hat dich dein Umfeld unterstützt?
Mein Mann hat mir immer Mut zugesprochen und selbst meine Kinder haben mich dabei unterstützt, indem sie mitunter einige Sportübungen mitgemacht haben.
Meine Familie war sehr positiv überrascht, vor allem wegen der Vorher-nachher-Fotos, die ihnen erstmals gezeigt haben, wie groß der Unterschied letztendlich wirklich war.

Welche Tipps würdest du BBC-Einsteigern geben?
Nie das Ziel aus den Augen verlieren, da alles seine Zeit benötigt. Selbst wenn es mal stagniert, immer weitermachen. Der Weg ist das Ziel, auch mit klitzekleinen Schritten.

VORHER

NACHHER

ERGEBNISSE

NACH 42 TAGEN:

Gewicht: –9 kg
Umfang Bauch: –8 cm
Umfang Oberschenkel: –7 cm
Umfang Po: –11 cm
Kleidergröße: von 38/40 auf 34/36

ERFOLGSGESCHICHTE

CHRISTOPH P.

ALTER: 27 JAHRE
WOHNORT: BÜTTELBORN
BERUF: IT-SYSTEM-KAUFMANN

Wie bist du auf das BBC aufmerksam geworden?
Durch meine Freundin. Sie hat euch auf Facebook gesehen und gesagt, dass sie sich das Buch kaufen und das Programm ausprobieren möchte. Ich habe sofort gemeint, dass ich mitmache und wir uns gegenseitig „pushen" können.

Welche Gründe hattest du, mit dem BBC zu starten?
Nachdem ich schon einmal abgenommen hatte, habe ich wieder an Gewicht zugelegt und habe angefangen, mich unwohl zu fühlen. Grund genug, endlich wieder etwas zu ändern.

Was unterscheidet das BBC von anderen Abnehmprogrammen?
Wenn man sich das Buch durchliest, hat man einen klaren Weg vor Augen, dem man nur konsequent folgen muss, um an sein Ziel zu kommen. Die Livechats mit euch und die Unterstützung der Community sind natürlich auch wunderbar. Man bekommt dadurch regelmäßiges Feedback und Antworten auf all seine Fragen. Ich kann dieses Programm nur jedem wärmstens empfehlen, es ist wirklich super. Ich war vorher jahrelang im Fitnessstudio angemeldet und musste mich jedes Mal motivieren, dort hinzugehen. Es ist toll, dass ich nun zu Hause effektiv und zielorientiert trainieren kann und dabei gemütlich die Fußball-Bundesliga anschauen kann.

Was ist dir besonders schwergefallen?
Der Zeitaufwand für die Zubereitung der ganzen leckeren Gerichte. Es war oft schwierig, alles unter einen Hut zu bekommen.

Was gefällt dir am besten?
Dass der Ernährungsplan, die Einkaufslisten und das Sportprogramm vorgegeben waren. Außerdem finde ich es super, dass im Buch und in euren Livechats auch auf grundlegende Themen der Ernährung und des Abnehmens eingegangen wird. Aber am besten finde ich das Workout, es passt wirklich in jeden Alltag und man kann sich richtig auspowern.

Was hat sich in deinem Leben geändert?
Ich esse bewusster und genieße das Essen viel mehr, gerade wenn ich mich mal mit etwas Süßem belohne. Wenn man mehrere Wochen auf Zucker verzichtet hat und dann zum Beispiel ein Glas Cola trinkt, merkt man erst einmal, wie süß der Kram überhaupt ist.

Welche Erkenntnisse nimmst du mit?
Dass ich mich vorher deutlich ungesünder und mit viel zu großen Mengen ernährt habe.

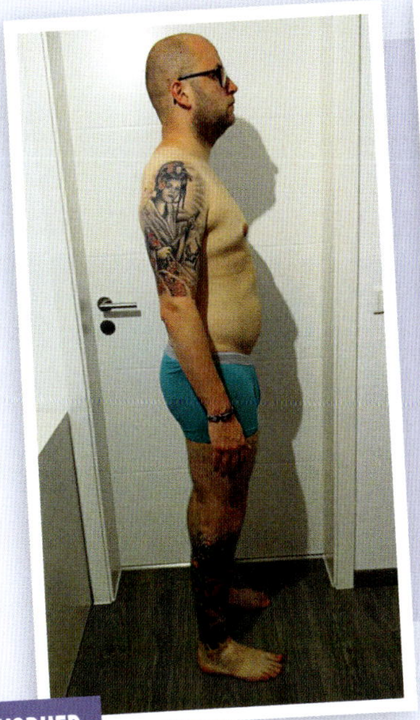

VORHER

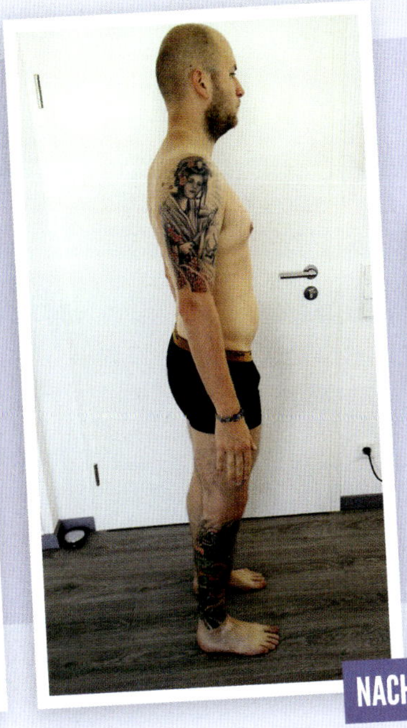

NACHHER

ERGEBNISSE

NACH 21 TAGEN:

Gewicht: –6,5 kg
Umfang Bauch: –15 cm
Kleidergröße: von L auf M

Mit welchen Argumenten könntest du eine Freundin fürs BBC gewinnen?
Jeder muss selbst entscheiden, ob er sich wohl in seiner Haut fühlt und zufrieden mit seinem Leben ist. Das gilt auch für alle anderen Bereiche im Leben. Wenn ich unglücklich bin, bringt es nichts, es ständig zu sagen, aber nichts zu ändern. Man muss sein Leben selbst in die Hand nehmen, um das Beste daraus machen.

Wie hast du dich nach einem Durchhänger wieder auf die richtige Spur gebracht?
Ich hatte und habe mein Ziel immer vor Augen, das hat mir genug Kraft gegeben, um durchzuhalten.

Ist das BBC auch familien- und partnertauglich?
Auf jeden Fall, man kocht einfach die doppelte Menge und kann sich gegenseitig zum Sport motivieren. Und an alle anderen Männer: Nur weil es Bikini-Bootcamp heißt, bedeutet das nicht, dass das Programm nur was für Frauen ist. Ihr werdet euren Meister in Silke finden.

Wie hat dich dein Umfeld unterstützt?
Meine Familie hat mich von Beginn an unterstützt, auch wenn es komisch war, dass ich zum Brunch bei meiner Mutter im Garten mein eigenes Essen mitgebracht und zubereitet habe. Die Reaktionen waren durchweg positiv. Aber ich glaube, am stolzesten bin ich selbst auf das Ergebnis.

Welche Tipps würdest du BBC-Einsteigern geben?
Disziplin und Ehrgeiz zahlen sich aus.

ERFOLGSGESCHICHTE

RAFFAELLA K.

ALTER: 31 JAHRE
WOHNORT: MÜNCHEN
BERUF: REDAKTEURIN

Wie bist du auf das BBC aufmerksam geworden?
Durch Silke über Facebook.

Welche Gründe hattest du, mit dem BBC zu starten?
Ich habe bisher alle Diäten durch, Weight Watchers, keine Kohlenhydrate essen, FdH, alles war auf Dauer nicht erfolgreich und es gab zu viele Verbote. Ich hatte 2013 schon einmal 13 kg mit Weight Watchers abgenommen. Leider hat das nicht gehalten.
Somit war BBC die letzte Chance, weil ich die vielen Erfolge bei Facebook sah.
Das BBC ist langfristig gesehen so gut, weil man auf wenig verzichten muss. Bei Weight Watchers kann man sich, wenn man noch Punkte hat, abends Schokolade reinhauen, das ist aber eigentlich totaler Quatsch. Heute bin ich durch das BBC in puncto Ernährung viel bewusster geworden. Ich weiß jetzt, worauf es ankommt, und danke Silke und Heiner sehr dafür.

Was unterscheidet das BBC von anderen Abnehmprogrammen?
Beim BBC wird man nicht gleich von der Dauer des Programms abgeschreckt. Man hat tolles Essen und es gibt einen genauen Plan.

Was ist dir besonders schwergefallen?
Am schwersten war der Anfang. Bei einem vollen Arbeitstag auch noch kochen und dann Sport, jeden Tag. Es gab viele Tränen – ABER hat man einmal begonnen, sieht man schon in der ersten Woche Erfolge. Und ist die erste Woche überstanden, läuft es einfach.

Was gefällt dir am besten?
Ich finde es toll, dass man jeden Tag genau weiß, was zu tun ist. Ich war teils schon so gespannt auf den nächsten Tag, weil es Spaß gemacht hat, nach Plan zu leben.

Was hat sich in deinem Leben geändert?
Ich fühle mich fit, gesund, schön und bekomme viele Komplimente. Ich bin sehr stolz auf mich.

Welche Erkenntnisse nimmst du mit?
Nach dem BBC weiß man, dass das Gewicht auf der Waage nicht immer aussagekräftig ist. Wichtig ist auch, wie sich der Umfang an gewissen Körperstellen und die Körperform verändern.

Mit welchen Argumenten könntest du eine Freundin fürs BBC gewinnen?
1. Kauf dir das Buch *Das Bikini-Bootcamp.*
2. Ich mache mit.
3. Freu dich drauf.

Wie hast du dich nach einem Durchhänger wieder auf die richtige Spur gebracht?
Die Zwischenmahlzeiten helfen, also immer Mandeln und Snacks (Gemüse, Obst) dabeihaben.

Ist das BBC auch familien- und partnertauglich?
Klar, zu zweit ist es ja noch viel schöner und man unterstützt sich gegenseitig.

Wie hat dich dein Umfeld unterstützt?
Mein Ehemann (er selbst ist sehr schlank) hat mir geholfen beim Kochen, mir jeden Tag gesagt, wie stolz er auf mich ist. Mein Umfeld konnte ich überzeugen, sich auch das Buch zu kaufen, weil sie mich gesehen haben.

Welche Tipps würdest du BBC-Einsteigern geben?
Lasst euch zu 1000 Prozent darauf ein, wiegt euch nicht zwischendurch, nur an den vorgegebenen Tagen. Lasst euer Umfeld an allem teilhaben. Wenn euch mal Ausrutscher passieren, dann gebt nicht auf und macht weiter, bis ihr am Ziel seid.

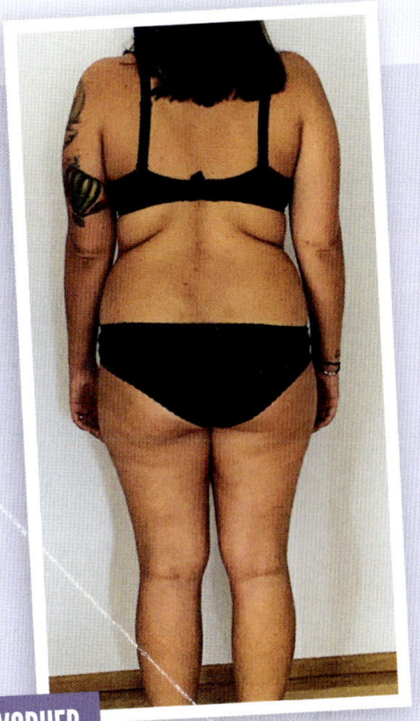

VORHER

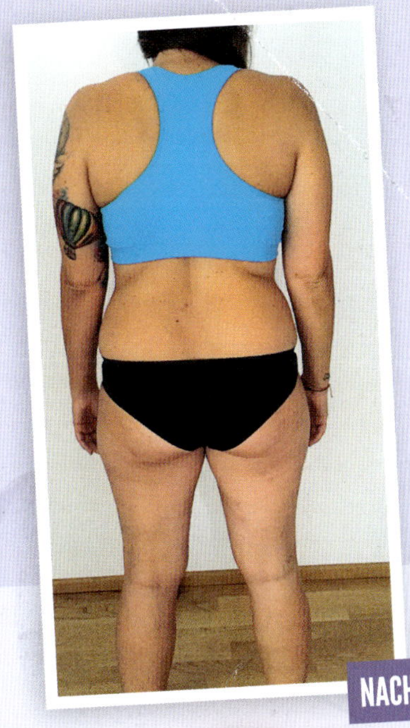

NACHHER

ERGEBNISSE

NACH 21 TAGEN:

Gewicht: –5 kg
Umfang Bauch: –4,5 cm
Umfang Oberschenkel: –4,5 cm
Kleidergröße: von 44 auf 40

TEIL 4

REZEPTE FÜR DAS BIKINI-BOOTCAMP

Alle Rezepte für die 21 Tage des Bikini-Bootcamps sind – sofern nicht anders angegeben – für eine Portion berechnet. Da bei uns das Prinzip „Gemüse all you can eat“ gilt, kannst du deine Mahlzeiten immer mit mehr Gemüse zubereiten, als im Rezept angegeben ist.

Die Rezepte sind aufgeteilt in Mahlzeit 1, Mahlzeit 2, Mahlzeit 3. Diese Aufteilung entspricht der Reihenfolge Frühstück, Mittagessen, Abendessen, wobei man die Mahlzeiten im Bikini-Bootcamp grundsätzlich zu sich nehmen kann, wann man möchte und wenn man Hunger hat. Wir empfehlen jedoch mit der Benennung als Mahlzeit 1, 2, 3 eine bestimmte Reihenfolge. Mahlzeit 1 ist ein typisches Frühstück (zum Beispiel ein Smoothie oder ein Müsli) und Mahlzeit 3 ist etwas kohlenhydratärmer als Mahlzeit 2 und daher besonders gut als Abendessen geeignet. Außerdem enthalten die Gerichte der ersten Woche allgemein etwas weniger Kohlenhydrate. Wer das Bootcamp mit diesem Buch komplett durchziehen möchte, dem empfehlen wir daher, sich an den Ernährungsplan auf Seite 31 zu halten.

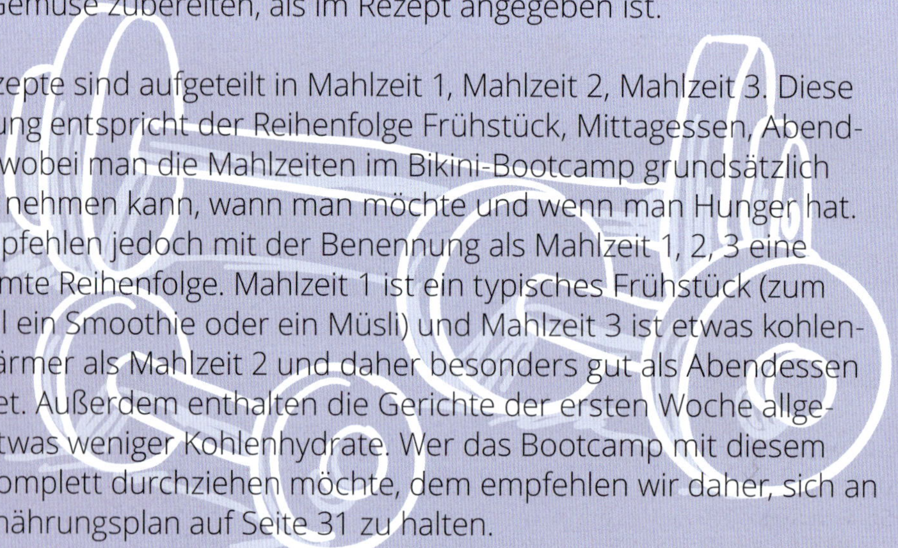

DER NOTFALL-PROTEINSHAKE

Für den Fall, dass du einmal eine Mahlzeit ausfallen lassen musst, kannst du stattdessen einen Proteinshake zu dir nehmen, der dir genügend Eiweiß liefert und dich außerdem für längere Zeit satt macht. Heiner und ich sind dabei, einen perfekt auf das Bikini-Bootcamp zugeschnittenen Shake zu entwickeln. Wenn du dich auf unserer Website ***www.das-bikini-bootcamp.de*** für unseren Newsletter einträgst, erfährst du rechtzeitig, wann und wo du den Shake bekommst.

Bis es so weit ist, kannst du dir mit Molkeproteinpulver, auch Whey Protein genannt, einen Shake mixen (Rezept siehe unten). Du bekommst das Pulver in Apotheken, Fitnessstudios oder über das Internet. Achte darauf, dass das Produkt auf der „Kölner Liste" steht. Denn diese Produkte sind getestet und frei von schädlichen Zusatzstoffen. Maltodextrin ist in guten Lebensmittelgeschäften oder im Internet erhältlich.

CA. 200 KCAL NOTFALL-PROTEINSHAKE

Alle Zutaten in einen Shaker geben, gut schütteln und gekühlt trinken.

Für Vegetarier: Vegetarier und alle, die kein Milcheiweiß vertragen, können auf Sojaeiweiß ausweichen.

Zusatzinfo: Warum ist Maltodextrin in deinem Shake? Maltodextrin ist ein Kohlenhydratgemisch, welches schnell vom Körper aufgenommen wird. Da es fast geschmacksneutral ist, kann es deinem Shake gut beigemischt werden. Der Kohlenhydratanteil sorgt dafür, dass deine Bauchspeicheldrüse kurzfristig geringe Mengen Insulin ausschüttet. Dieses Insulin benötigt dein Körper, um das Eiweiß in die Muskelzellen zu befördern. So wird dein Shake zu einem vollwertigen Ersatz für eine Mahlzeit.

ZUTATEN

- 30 g Molkeproteinpulver
- 200 ml Wasser oder fettarme Milch
- 5 g Maltodextrin

TAG 0

DEIN CLEANING DAY

MORGENS

FIT-IN-DEN-TAG-SMOOTHIE

ZUTATEN

- 2 Handvoll grüner Salat
- ½ Mango
- ¼ Ananas
- 1 Kiwi
- 1 Handvoll Weintrauben
- einig Spritzer Zitronensaft
- 1 Tasse Wasser
- 1 TL Flohsamenschalenpulver

Salat waschen. Mango, Ananas und Kiwi schälen. Alles in kleine Stücke schneiden. Weintrauben waschen und mit den restlichen Zutaten in den Mixer geben. Kräftig mixen, bis der Smoothie schön cremig ist.

MITTAGS

VOLLKORNBROT

1 Scheibe Vollkornbrot mit einem Ei und etwas Gemüse, zum Beispiel einem Gemüseomelett mit Gurken und Tomate.

ABENDS

GEMÜSEBRÜHE

1 Tasse Gemüsebrühe mit einer Handvoll Suppengemüse (TK).

ERNÄHRUNGSPLAN FÜR 21 TAGE

TAG 1–7

TAG	MAHLZEIT 1	MAHLZEIT 2	MAHLZEIT 3
1	Ein Traum in Gelb *S. 32*	Gefüllte Zucchini mit Hackfleisch + veg. *S. 64*	Linsensalat mit Fenchelgemüse *S. 94*
2	Dennis' Smoothie *S. 33*	Der bunte Tomatensalat mit Avocado *S. 65*	Rote Paprikasuppe mit Schafskäse *S. 95*
3	Himbeeren-Oatmeal *S. 36*	Silkes leichter Kartoffelsalat *S. 66*	Gefüllte Auberginen mit Hackfleisch + veg. *S. 96*
4	Erdbeer-Limetten-Quark-Becher *S. 37*	Quinoa-Kichererbsen-Salat mit Tomaten *S. 67*	Bohnen-Schafskäse-Rührei *S. 97*
5	Der knallrote Beeren-Smoothie *S. 38*	Hirsesalat mit Kräutern *S. 68*	Gurken-Melone-Weintrauben-Salat *S. 98*
6	Räucherforelle auf Vollkornbrot + veg. *S. 39*	Feurige Limettensuppe mit Garnelen + veg. *S. 69*	Paprika-Tomaten-Omelett *S. 99*
7	Der minzige Smoothie *S. 40*	Gefüllte Tomaten mit Couscous *S. 70*	Schneller Linsen-Curry-Salat *S. 100*

TAG 8–14

TAG	MAHLZEIT 1	MAHLZEIT 2	MAHLZEIT 3
8	Heidelbeermüsli *S. 41*	Feiner Avocado-Pilz-Aufstrich auf Vollkornbrot *S. 71*	Blumenkohl-Erbsen-Salat *S. 101*
9	Das Vitamin-Omelett *S. 42*	Silkes kalte Gurkensuppe *S. 72*	Röllchen aus Lachs mit Frischkäse + veg. *S. 102*
10	Der königliche Smoothie *S. 43*	Quinoa-Tomaten-Sellerie-Pfanne *S. 73*	Gelbe Paprikasuppe mit Oliven *S. 104*
11	Der grüne Matcha-Smoothie mit Pfiff *S. 44*	Marokkanischer Bulgursalat mit Schafskäse *S. 74*	Lachs auf Frühlingszwiebeln + veg. *S. 105*
12	Beeren-Milchreis *S. 45*	Scharfer Quinoa-Kürbis-Salat *S. 75*	Paprika-Auberginen-Tatar-Eintopf + veg. *S. 106*
13	Amaranth-Himbeer-Joghurt *S. 46*	Kichererbsen-Eintopf mit Gemüse *S. 76*	Brokkoli-Blumenkohl-Suppe *S. 107*
14	Silkes Lieblingssmoothie *S. 47*	Mediterraner Hähnchen-Eintopf + veg. *S. 77*	Schneller und bunter Rohkostsalat *S. 108*

TAG 15–21

TAG	MAHLZEIT 1	MAHLZEIT 2	MAHLZEIT 3
15	Silkes Müsli to go *S. 48*	Gefüllte Zucchini mit Gemüse und Quark *S. 78*	Paprika gefüllt mit Hüttenkäse *S. 109*
16	Strammer Max mal anders *S. 49*	Kichererbsensalat mit Petersilie *S. 79*	Gemüseeintopf *S. 110*
17	Eisiger Ananas-Mandel-Smoothie *S. 50*	Hähnchen mit Mangocouscous + veg. *S. 80*	Scharfes Lachsfilet mit Koriander + veg. *S. 111*
18	Omelett mit Salat *S. 51*	Kleine Auberginen-Pizzen *S. 81*	Scharfer Kichererbsensalat *S. 112*
19	Pfirsich-Beeren-Smothie *S. 52*	Der minzige Couscous-Salat *S. 82*	Fixe Zucchinispaghetti aglio e olio *S. 113*
20	Bananen-Heidelbeer-Milch *S. 53*	Warmer Apfel-Sellerie-Salat mit Forelle + veg. *S. 83*	Silkes Chili-Bohnen-Eintopf + veg. *S. 114*
21	Sabines Overnight Oats *S. 54*	Pak-Choi-Tofu-Pfanne *S. 85*	Spinatsalat mit Pfirsichen und Schafskäse *S. 115*

MAHLZEIT 1 FÜR 21 TAGE

TAG 1

MAHLZEIT 1

EIN TRAUM IN GELB

ZUTATEN

- ½ halbe reife Mango
- 1 großer reifer, gelber Pfirsich
- 1 gelbe Kiwi
- 1 Maracuja
- ½ Banane
- 1–2 EL Limettensaft
- 5 Eiswürfel

Die Mango schälen, Fruchtfleisch vom Kern schneiden und grob zerkleinern. Pfirsich waschen und Kern herausschneiden. Kiwi schälen und klein schneiden. Passionsfrucht halbieren und Fruchtfleisch herauslöffeln. Banane schälen und klein schneiden.
Das Obst mit dem Limettensaft in den Mixer geben und auf höchster Stufe gründlich pürieren. Das Eis hinzufügen und nochmals kräftig durchmixen. Den Smoothie in ein Glas gießen und servieren.

Tipp: Wer den Smoothie noch etwas flüssiger und schaumiger mag, verlängert ihn nach Belieben mit etwas Sprudelwasser. Das übrig gebliebene Obst kann man einfrieren oder später als Obstportion essen.

TAG 2

DENNIS' SMOOTHIE

MAHLZEIT 1

Die Banane schälen und grob zerkleinern. Die Erdbeeren putzen und waschen. Die Mango schälen, Fruchtfleisch vom Kern schneiden und grob zerkleinern.
Alle Zutaten in den Mixer geben und pürieren. Den Smoothie in einem Glas servieren und genießen.

Zusatzinfo: Dieser Smoothie heißt Dennis' Smoothie, weil der Sohn einer begeisterten Bikini-Bootcamp-Teilnehmerin den Enthusiasmus seiner Mutter während des Camps mitbekommen hat, so auch für sich die Smoothies entdeckt und gleich selbst einen kreiert hat.

Tipp: Wer den Smoothie noch etwas flüssiger und schaumiger mag, verlängert ihn nach Belieben mit etwas Sprudelwasser.

ZUTATEN

- 1 reife Banane
- 10 Erdbeeren (frisch oder TK)
- ½ Mango
- 2 EL Joghurt (1,5 % Fett)

ERFOLGSGESCHICHTE

GUNDULA P. (MUTTER VON DENNIS)

Wie bist du auf das BBC aufmerksam geworden?
Über Facebook oder Instagram.

Welche Gründe hattest du, mit dem BBC zu starten?
Ich laufe gerne und nehme auch an Wettkämpfen teil. Aber irgendwann kam ich mit dem Laufen nicht mehr weiter und konnte einfach keine Verbesserung mehr feststellen. Mir fehlten dazu der Kraftsport und eine gesunde Ernährung. Außerdem möchte ich ein paar Kilos verlieren. Mein Ziel ist es, irgendwann einen Ultramarathon zu laufen, und dazu brauche ich mehr Kraft.

Was unterscheidet das BBC von anderen Abnehmprogrammen?
Der größte Unterschied ist, dass es sich hier um keine Diät handelt, sondern um einen Einstieg in eine gesündere Ernährung. Außerdem sind die Rezepte nicht so exotisch, sondern aus Lebensmitteln zusammengestellt, die ich in jedem Supermarkt oder Drogeriemarkt bekomme. Die Mischung aus Kraftsport und Ernährung passt. 21 Tage lang wird man an die Hand genommen. Und wichtig sind auch die Impulse, die jeden Tag gegeben werden. Dass die Autoren in der Online-Community auf Fragen antworten, finde ich ebenfalls sehr gut und es wundert mich immer wieder, wie sie das zeitlich schaffen. Schön ist es, dass es eine Facebook-Gruppe gibt, dort können sich alle austauschen und gegenseitig motivieren.

Was ist dir besonders schwergefallen?
Der Sportteil, er ist nicht ganz so meins, da ich ja eher eine Ausdauersportlerin bin. Mich hat es aber immer motiviert, mich mit Gleichgesinnten bei Facebook auszutauschen. Diese Gruppe und Community wurde von Silke und Heiner gegründet und sie sind dort sehr aktiv und stehen mit Rat und Tat zur Seite.
Die Ernährung ist super, sogar bei mir als Zuckerschnute kommt nie die Lust auf Süßes auf. Und dass ich auch Brot essen darf, finde ich echt cool.

Was gefällt dir am besten?
Die Rezepte. Sie sind einfach, lecker und vor allem für Faule wie mich geeignet. Die Community ist außerdem einzigartig. Der persönliche Kontakt zu den Autoren ist toll, sie schaffen es immer wieder, einen zu motivieren.

Was hat sich in deinem Leben geändert?
Ich werde beim Laufen schneller und habe das gemeinsame Kochen mit meinem Sohn entdeckt. Mittlerweile gibt es schon Live-Kochvideos von meinem Sohn und mir bei Facebook. Ich nehme mich selbst wieder wichtiger und weiß jetzt, was mir guttut. Ich habe endlich verstanden, was negative Energiebilanz heißt.

Welche Erkenntnisse nimmst du mit?
Gesunde Ernährung kann auch sehr lecker sein. Willst du schneller und weiter laufen, dann muss du dich auch gesund ernähren und Kraftsport machen.

VORHER

NACHHER

ERGEBNISSE

NACH 84 TAGEN:

Gewicht: –10 kg
Umfang Bauch: –13,5 cm
Umfang Oberschenkel: –9 cm
Kleidergröße: von 44 auf 40

Mit welchen Argumenten könntest du eine Freundin fürs BBC gewinnen?
Die gesunde Ernährung ist hier echt lecker. Du wirst an die Hand genommen, es ist nicht anonym und der Sport ist machbar, auch wenn du bisher nicht sportlich warst. Du merkst schnell, dass du fitter wirst.

Wie hast du dich nach einem Durchhänger wieder auf die richtige Spur gebracht?
Die Community hat mir geholfen. Habe tolle Fotos von den leckeren Gerichten gemacht und sie auf Instagram gestellt und viel Anerkennung von anderen bekommen.

Ist das BBC auch familien- und partnertauglich?
Auf jeden Fall.

Wie hat dich dein Umfeld unterstützt?
Super, sie waren sehr interessiert. Meine Mama hat auch mit dem BBC angefangen, weil sie mein Essen so lecker fand.

Welche Tipps würdest du BBC-Einsteigern geben?
Zuerst das Buch lesen und dann starten. Wenn ein Tag mal nicht so klappt, einfach weitermachen und nicht wieder mit Tag 0 beginnen. Fängt man immer wieder mit Tag 0 an, ist die Motivation weg. Lieber dann mehrere Runden machen.

TAG 3

MAHLZEIT 1

HIMBEEREN-OATMEAL

Banane schälen und in Stücke schneiden. Die Haferflocken und die Bananenstücke in eine Schüssel geben. Heißes Wasser darübergießen, sodass die Haferflocken bedeckt sind. 10 Minuten zugedeckt quellen lassen. Dann Joghurt und Leinsamen hinzugeben und alles ordentlich vermischen.
Himbeeren waschen, Mandeln grob hacken.
Das Oatmeal in eine schöne Schüssel oder ein Glas geben und Beeren und Mandelstücke darübergeben.

Zusatzinfo: Alle, die sich mit Clean Eating beschäftigen, kennen das Oatmeal. Doch was ist es genau? Bekannt ist es auch als Porridge oder Haferbrei und ist derzeit bei Gesundheitsbewussten sehr beliebt. Es handelt sich um eine vollwertige Frühstücksmahlzeit, die klassisch aus unbehandelten Vollkornhaferflocken, heißem Wasser, reifer Banane und je nach Belieben einem zusätzlichen Süßungsmittel wie Agavendicksaft oder Ähnlichem besteht. Die besonderen Vorteile sind die schnelle Zubereitung, die lange Sättigung und eine große Vielfalt an Nährstoffen.

Tipp: Du kannst das Oatmeal vielseitig variieren und einfach verschiedene Obstsorten ausprobieren. Besonders gut eignen sich Beeren jeglicher Art, Mango, Birnen oder Walnüsse.
Ideal für Menschen, die morgens wenig Zeit haben, da man es gut am Abend zuvor zubereiten kann.

ZUTATEN

- ½ reife Banane
- 3 EL grobe Haferflocken
- 100 g Naturjoghurt (1,5 % Fett)
- 1 EL Leinsamen
- 1 große Handvoll Himbeeren, frisch
- 5 Mandeln

TAG 4

MAHLZEIT 1

ERDBEER-LIMETTEN-QUARK-BECHER

Die Erdbeeren waschen, putzen, trocken tupfen und gemeinsam mit den Mandeln, dem Limettensaft und dem gepoppten Amaranth in den Mixer geben. Magerquark und Joghurt hinzufügen. Gut mixen und in ein Glas füllen. Eventuell noch mit ein paar Beeren und Mandeln garnieren.

Tipp: Wenn du keine Mandeln magst oder verträgst, kannst du sie gern auch durch Nüsse oder Samen ersetzen.

ZUTATEN

- 200 g Erdbeeren oder andere Beeren der Saison (frisch oder TK)
- 10 Mandeln
- 1 EL Limettensaft
- 3 EL gepoppter Amaranth
- 75 g Magerquark
- 75 g Joghurt (1,5 % Fett)

TAG 5

MAHLZEIT 1

DER KNALLROTE BEEREN-SMOOTHIE

Banane schälen. Erdbeeren putzen und waschen.
Alle Zutaten in einen Mixer geben und kräftig mixen.

Tipp: Wem die Konsistenz zu dickflüssig ist, der kann noch ein paar Eiswürfel oder nur etwas Wasser dazugeben.

ZUTATEN

- ½ Banane
- 150 g Erdbeeren (frisch oder TK)
- 200 ml gekühltes Mineralwasser mit Kohlensäure
- ½ TL Zitronen- oder Limettensaft
- 5 Mandeln

TAG 6

2x Tag 5

MAHLZEIT 1

RÄUCHERFORELLE AUF VOLLKORNBROT

ZUTATEN

- 50 g geräuchertes Forellenfilet ohne Haut
- 1 kleine Zwiebel
- 1 Handvoll Salatblätter
- 2 kleine Scheiben Vollkornbrot
- 2 TL Meerrettich
- Salz und Pfeffer aus der Mühle

Das Forellenfilet in kleine Stücke schneiden. Die Zwiebel schälen und in dünne Ringe schneiden. Die Salatblätter waschen und trocken schütteln.
Die Vollkornbrotscheiben mit Meerrettich bestreichen und eine Scheibe mit den Salatblättern, den Zwiebelringen und den Forellenstücken belegen. Mit Salz und Pfeffer würzen und mit der zweiten Scheibe Vollkornbrot (die unbestrichene Seite nach oben) abdecken.

Tipp: Wer keine Forelle mag, kann auch zu geräuchertem Lachs greifen.

Für Vegetarier: Vegetarier ersetzen das Forellenfilet durch ½ Avacado, die in dünne Scheiben geschnitten ist, und den Meerettich durch 1 TL Tomatenmark. Statt der Zwiebelringe können auch kleine Kirschtomaten verwendet werden.

TAG 7

MAHLZEIT 1

DER MINZIGE SMOOTHIE

ZUTATEN

- ½ Gurke
- ½ grüner Apfel
- 1 Orange
- 1 Handvoll frische Minzblätter
- 3 Eiswürfel
- 1 TL Limettensaft

Gurke waschen und würfeln. Apfel waschen, das Kerngehäuse entfernen und das Fruchtfleisch würfeln. Die Orange auspressen. Minze waschen, trocken schütteln und die Blätter abzupfen.
Die Eiswürfel im Mixer crushen und danach alle Zutaten in den Mixer geben und ordentlich durchmixen.
Smoothie in ein Glas füllen und sofort servieren.

HEIDELBEERMÜSLI

TAG 8

MAHLZEIT 1

ZUTATEN

- 100 g Magerquark
- 75 ml Milch (1,5 % Fett)
- 200 g Heidelbeeren (frisch oder TK)
- ½ Banane
- 5 Mandeln
- 2 EL Vollkornhaferflocken

In einer Schüssel den Quark gründlich mit der Milch verrühren. Die Heidelbeeren waschen, die Banane schälen. Die Hälfte der Heidelbeeren und die halbe Banane in einen Mixer geben und kräftig durchmixen. Die Mandeln grob hacken. Das Heidelbeer-Bananen-Püree gemeinsam mit den restlichen Heidelbeeren, den Haferflocken und den Mandeln in die Schüssel mit dem Quark geben und das Müsli gut verrühren.

Tipp: Sehr schön sieht es aus, wenn die einzelnen Bestandteile schichtweise in einem großen Glas angerichtet werden: ganz unten die Haferflocken, dann das Heidelbeer-Bananen-Püree, Quark, die Heidelbeeren, noch mal Quark und obenauf die Mandeln.

TAG 9

MAHLZEIT 1

DAS VITAMIN-OMELETT

ZUTATEN

- 1 Ei
- 2 EL Milch (1,5 % Fett)
- Salz, Pfeffer und etwas Paprikapulver (edelsüß)
- 1 Handvoll Champignons
- ½ rote Paprika
- ½ gelbe Paprika
- 1 kleine Zwiebel
- 1 TL Öl
- etwas frische Petersilie oder Schnittlauch
- 1 kleine Scheibe Vollkornbrot

Ei, Milch, Salz, Pfeffer und Paprikapulver in einer Schüssel verquirlen. Champignons putzen und klein schneiden. Die beiden Paprikas waschen, putzen und klein schneiden. Die Zwiebel schälen und würfeln.
Das Öl in einer kleinen Pfanne erhitzen. Champignons, Paprika und Zwiebel in der Pfanne kurz andünsten. Das verquirlte Ei darübergießen und zugedeckt bei geringer Hitze ca. 5 Minuten stocken lassen. Währenddessen Petersilie oder Schnittlauch waschen, trocken schütteln und fein hacken. Das Omelett halbieren, beide Hälften auf das Vollkornbrot legen und mit Petersilie oder Schnittlauch bestreuen.

TAG 10

DER KÖNIGLICHE SMOOTHIE

MAHLZEIT 1

Den Granatapfel vom Stielansatz befreien, indem du ihn keilförmig herausschneidest. Dann den Granatapfel halbieren, alle Kerne herauslösen und von der Haut befreien.
Die Saftorange schälen, die Trauben von den Stielen zupfen, waschen und beides zusammen mit den Granatapfelkernen in den Entsafter geben und den Saft auspressen. Die Banane schälen, in Stücke schneiden, die Beeren waschen. Die Birne waschen, in kleine Stücke schneiden.
Den Saft, die Bananenstücke, Zitronen- oder Limettensaft, die Beeren, die Birne, das Wasser und 2–4 Eiswürfel in den Mixer geben und gut mixen.
Den Smoothie in einem Glas servieren.

Tipp: Wer keinen Entsafter hat, schneidet den Granatapfel und die Saftorange quer durch und presst sie vorsichtig mit einer Saft- oder Zitronenpresse aus. Aber wirklich vorsichtig, denn Granatapfelsaft kann schlimme Flecken auf der Kleidung hinterlassen.

ZUTATEN

- 1 Granatapfel
- 1 Saftorange
- 10 grüne kernlose Weintrauben
- ½ Banane
- 50 g Brombeeren oder Heidelbeeren (frisch oder TK)
- ½ Birne
- 1 TL Zitronen- oder Limettensaft
- 3 EL Wasser

TAG 11

MAHLZEIT 1

DER GRÜNE MATCHA-SMOOTHIE MIT PFIFF

ZUTATEN

- 2 cm Ingwer
- 2 große Handvoll Babyspinat
- 1 Kiwi
- 1 Banane
- ½–1 TL Matcha-Pulver
- 150 ml Wasser
- 1 TL Zitronen- oder Limettensaft

Den Ingwer schälen und ganz fein hacken. Den Babyspinat waschen, abtropfen lassen. Kiwi und Banane schälen und klein schneiden. Die vorbereiteten Zutaten mit dem Matcha-Pulver in den Mixer geben. Danach das Wasser und den Zitronensaft zugeben und alles kräftig mixen.
Smoothie in ein Glas gießen und genießen.

Tipp: Für den Smoothie kannst du auch gefrorenen Spinat verwenden. Diesen erst kurz vor der Zubereitung aus der Kühltruhe nehmen.

TAG 12

BEEREN-MILCHREIS

MAHLZEIT 1

ZUTATEN

- 50 g Milchreis
- 150 ml Milch (1,5 % Fett)
- 1 Stück Schale von einer Bio-Zitrone
- 150 g Beeren (frisch oder TK)
- 3 EL Magerquark
- 1 TL Honig
- 1 Prise Zimt

Den Reis in einem Topf mit der Milch und der Zitronenschale aufkochen und ca. 30 Minuten zugedeckt quellen lassen. Mehrmals umrühren und zum Schluss die Zitronenschale entfernen und den Reis abkühlen lassen.
Die Beeren waschen und abtropfen lassen.
Den Quark unter den kalten Reis rühren, mit Honig und Zimt würzen. Die Hälfte der Beeren im Mixer pürieren.
Den Milchreis in eine Schüssel oder ein Glas geben, die pürierten Beeren darübergeben und zum Schluss darauf die ganzen Beeren verteilen.

Tipp: Wer den Milchreis als Mahlzeit in die Arbeit mitnehmen möchte, kann ihn am Vorabend vorbereiten und über Nacht im Kühlschrank aufbewahren.

TAG 13

MAHLZEIT 1

AMARANTH-HIMBEER-JOGHURT

ZUTATEN

- 30 g gepoppter Amaranth
- 1 TL Agavendicksaft
- etwas gemahlene Vanille
- 100 g Naturjoghurt (1,5 % Fett)
- 100 g Himbeeren (frisch oder TK)
- 2 EL Walnüsse

Amaranth, Agavendicksaft, Vanille und Joghurt in einer Schüssel vermischen. Himbeeren vorsichtig waschen und mit dem Amaranth-Joghurt schichtweise in große Gläser füllen. Mit den Walnüssen garnieren.

TAG 14

SILKES LIEBLINGSSMOOTHIE

MAHLZEIT 1

ZUTATEN

- 1 reife Birne
- eine Handvoll Babyspinat, frisch
- 1 Banane
- eine große Handvoll kernlose grüne Weintrauben
- ½ reife Avocado
- 1 TL Agavendicksaft
- 2 TL Limettensaft
- 2–4 Eiswürfel

Die Birne waschen, Kerngehäuse entfernen und Fruchtfleisch klein schneiden. Spinat waschen und abtropfen lassen. Die Banane schälen und in kleine Stücke schneiden. Die Trauben von den Stielen zupfen und auch waschen. Die Avocado halbieren, entkernen und das Fruchtfleisch mit einem Löffel aus der Schale lösen.
Alle Zutaten außer den Eiswürfeln in den Mixer geben und ordentlich mixen. Das Eis zugeben und alles so lange mixen, bis der Smoothie schön cremig ist. In ein Glas füllen und sofort servieren und genießen.

TAG 15

MAHLZEIT 1

SILKES MÜSLI TO GO

ZUTATEN

- 1 Passionsfrucht
- ½ Apfel
- ½ Banane
- 1 Handvoll Heidelbeeren
- 1 Handvoll Beerenmischung (frisch oder TK)
- 200 ml Milch (1,5 % Fett)
- 2 EL Vollkornhaferflocken
- 5 Mandeln
- 1 Messerspitze Flohsamenschalenpulver

Passionsfrucht halbieren und Fruchtfleisch herauslöffeln. Den Apfel waschen und schälen, Kerngehäuse entfernen und Fruchtfleisch klein schneiden. Die Banane schälen. Die Heidelbeeren und die frischen Beeren waschen. Alle Zutaten in den Mixer geben und kräftig mixen.

TAG 16

STRAMMER MAX MAL ANDERS

MAHLZEIT 1

ZUTATEN

- ½ TL Öl
- 1 Ei
- 1 Scheibe Vollkornbrot
- ½ TL Butter
- 2 Scheiben Hähnchen-brust-Aufschnitt
- ½ Bund Schnittlauch
- Salz, grob gemahlener Pfeffer, Paprikapulver (edelsüß)
- nach Belieben Kapern-Äpfel (aus dem Glas)

Das Öl in einer kleinen beschichteten Pfanne erhitzen. Das Ei aufschlagen und zu einem Spiegelei braten. In der Zwischenzeit die Scheibe Vollkornbrot mit Butter bestreichen und mit dem Hähnchenbrust-Aufschnitt belegen.
Den Schnittlauch waschen und trocken schütteln und ganz fein schneiden.
Das Spiegelei auf den Aufschnitt setzen und mit Salz, Pfeffer und Paprika würzen, Schnittlauch darüberstreuen. Die Kapern-Äpfel aus dem Glas nehmen, abtropfen lassen und danebenlegen.

Tipp: Ich liebe Kapern-Äpfel und deshalb gilt für alle, die sie genauso gern mögen wie ich: all you can eat. Diejenigen, die sie nicht so gern essen, können sie durch kleine Gewürzzwiebeln aus dem Glas ersetzen.

TAG 17

MAHLZEIT 1

EISIGER ANANAS-MANDEL-SMOOTHIE

ZUTATEN

- ½ Ananas
- 1 Kiwi
- 5 Eiswürfel
- 1 EL Limettensaft
- 3 EL Joghurt (1,5 % Fett)
- 10 Mandeln
- 2–4 frische Minzblätter

Die Ananas und die Kiwi schälen und in kleine Stücke schneiden.
Die Eiswürfel im Mixer crushen. Die Früchte mit dem Limettensaft, dem Joghurt und den Mandeln in den Mixer geben und alles kräftig mixen, bis der Smoothie schön cremig ist.
In ein Glas gießen und den Smoothie mit Minzblättern garnieren und genießen.

TAG 18

OMELETT MIT SALAT

MAHLZEIT 1

ZUTATEN

- 1 Handvoll Spinat oder Feldsalat
- 2 große Tomaten oder 6 kleine Kirschtomaten
- 1 Zwiebel
- 2 Eier
- 2 EL Milch (1,5 % Fett)
- Salz, Pfeffer aus der Mühle
- ½ TL Öl

Für die Salatsauce:

- 1 TL Essig
- ½ TL Öl
- Salz, Pfeffer aus der Mühle
- ¼ TL Agavendicksaft

Spinat oder Feldsalat waschen und abtropfen lassen. Die Tomaten waschen, Stielansätze entfernen und Fruchtfleisch in Stücke schneiden bzw. Kirschtomaten halbieren. Zwiebel schälen und in feine Streifen schneiden.
Für die Sauce Essig, Öl, Salz, Pfeffer und Agavendicksaft in einer Schüssel verrühren. Spinat oder Feldsalat, Tomaten und Zwiebel in die Schüssel mit der Salatsauce geben und alles gut vermengen.
Eier und Milch in einer Schüssel verrühren, mit Salz und Pfeffer würzen. Öl in einer beschichteten Pfanne erhitzen. Die Eimischung in die Pfanne gießen und bei schwacher Hitze stocken lassen.
Omelett auf einen Teller geben und den Salat schön auf dem Omelett anrichten.

Tipp: Wer es gerne etwas schärfer mag, kann Chiliflocken über das Omelett streuen. Das schmeckt super und sieht toll aus. Alle, die gerne eine Scheibe Vollkornbrot zum Omelett essen, nehmen statt der zwei Eier nur eines.

TAG 19

MAHLZEIT 1

PFIRSICH-BEEREN-SMOOTHIE

ZUTATEN

- 2 reife Pfirsiche
- 100 g Beeren (frisch oder TK)
- 100 ml Joghurt (1,5 % Fett)
- 3 EL Milch (1,5 % Fett)
- 1–2 EL gepoppter Amaranth

Die Pfirsiche und die Beeren waschen. Pfirsiche entkernen und das Fruchtfleisch zerkleinern.
Alle Zutaten in den Mixer geben und kräftig mixen. Smoothie in ein Glas gießen und frisch genießen.

Tipp: Wenn du den Smoothie gerne kalt genießt, kannst du noch 2–4 Eiswürfel mit in den Mixer geben und so lange mixen, bis der Smoothie schön cremig ist.

TAG 20

BANANEN-HEIDELBEER-MILCH

MAHLZEIT 1

Heidelbeeren waschen, Banane schälen und in Stücke schneiden. Birne waschen, Kerngehäuse entfernen und Fruchtfleisch grob zerkleinern.
Alle Zutaten in den Mixer geben und fein pürieren. Dann Bananen-Heidelbeer-Milch in ein Glas füllen und sofort servieren.

Tipp: Wenn du die Milch lieber etwas säuerlicher magst, kannst du noch etwas Zitronensaft dazugeben.

ZUTATEN

- 1 Handvoll Heidelbeeren (frisch oder TK)
- 1 kleine reife Banane
- ½ reife Birne
- 200 ml kalte Milch (1,5 % Fett)
- etwas gemahlene Vanille

TAG 21

MAHLZEIT 1

SABINES OVERNIGHT OATS

ZUTATEN

- 1 Orange
- 3 EL Haferflocken
- 100 g Naturjoghurt (1,5 % Fett)
- ½ frische Mango
- 1 Handvoll Himbeeren (frisch oder TK)
- 5 Mandeln

Orange auspressen. Erst die Haferflocken in ein Glas füllen und mit dem Orangensaft übergießen, dann den Joghurt daraufgeben. Das Glas verschließen und über Nacht in den Kühlschrank stellen.
Vor dem Servieren Mango schälen, Fruchtfleisch vom Kern lösen und im Mixer pürieren. Himbeeren vorsichtig waschen. Das Mangomus auf den Joghurt geben, die Himbeeren darauflegen und mit den Mandeln garnieren.

Tipp: Als Glas unbedingt ein Glas zum Verschließen verwenden. Tiefkühl-Himbeeren über Nacht auftauen lassen. Eignet sich besonders gut zum Mitnehmen oder um den Lieben etwas Tolles mitzugeben. Einfach nach dem Zubereiten Glas verschließen und fertig!

ERFOLGS-GESCHICHTE

BIANCA E.

ALTER: 47 JAHRE
WOHNORT: WALTROP
BERUF: HAUS-WIRTSCHAFTERIN

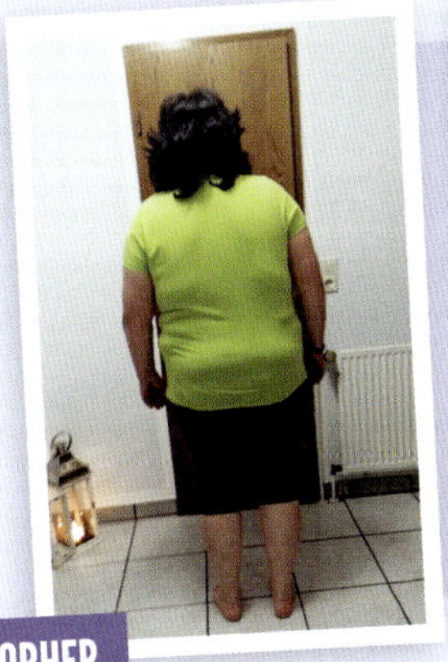

VORHER

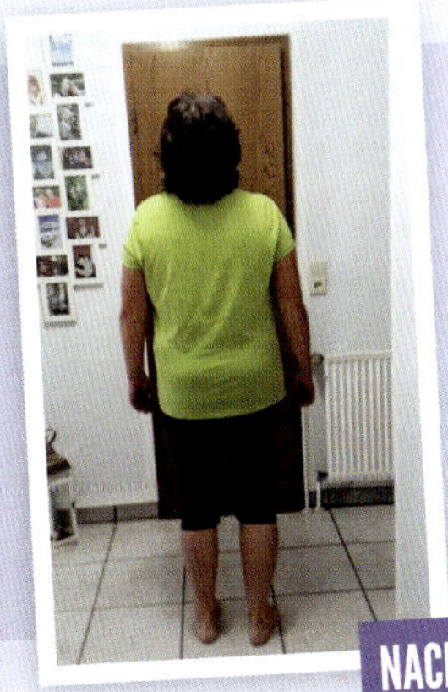

NACHHER

Welche Gründe hattest du, mit dem BBC zu starten?
Ich wollte meine Ernährung umstellen, ohne Diät oder Pulver abnehmen und habe die Ermutigung durch andere gesucht.

Was ist dir besonders schwergefallen?
Das regelmäßige Essen. Aber ich habe mir gedacht, entweder mache ich es so, wie es im Buch steht, und habe Erfolg damit, oder ich lasse es komplett sein.

Was gefällt dir am besten?
Dass alles so super strukturiert ist und ich nur noch machen muss.

Welche Erkenntnisse nimmst du mit?
Dass man abnehmen kann und dabei mehr als satt wird und dass man mehr auf sich achten sollte.

Mit welchen Argumenten könntest du eine Freundin fürs BBC gewinnen?
Es ist KEINE Diät mit Jo-Jo-Effekt. Man nimmt ab, ohne zu hungern. Und man muss keine Pulver oder Tabletten kaufen.

Ist das BBC auch familien- und partnertauglich?
Meinen Mann habe ich teilweise begeistern können und die Rezepte werden in den Alltag eingebaut. Manchmal mache ich dann für meinen Mann noch extra Beilagen oder Fleisch dazu.

Wie hat dich dein Umfeld unterstützt?
Sie können es irgendwie nicht so ganz glauben, dass es funktioniert, bei dem, was ich alles esse, und bei den Portionen, die ich esse. Sie freuen sich aber mit mir, dass ich jetzt in 15 Wochen 23,5 kg abgenommen habe.

Welche Tipps würdest du BBC-Einsteigern geben?
Man muss sich bewusst sein, dass es keine Diät, sondern eine komplette Ernährungsumstellung ist. Wenn man dazu nicht bereit ist, sollte man es lassen. Man sollte sich auf die neuen und ungewohnten Nahrungsmittel und Rezepte einlassen und unvoreingenommen darangehen. In den 15 Wochen bis jetzt hatte ich auch Geburtstage, Auswärtsessen und sonstige Feierlichkeiten und das klappt auch … Mann/Frau muss nur wollen.

ERGEBNISSE

NACH 15 WOCHEN:

Gewicht: –23,5 kg
Kleidergröße: von 52 auf 42

ERFOLGSGESCHICHTE

JENNY V.

ALTER: 28 JAHRE
WOHNORT: MÜLHEIM AN DER RUHR
BERUF: RECHTSANWALTS-FACHANGESTELLTE

Wie bist du auf das BBC aufmerksam geworden?
Durch eine Freundin bei Facebook. Ich habe mir dann das Konzept angesehen und das Buch sofort über Amazon bestellt.

Welche Gründe hattest du, mit dem BBC zu starten?
Ich wollte mich und meinen Körper verändern und mir selbst zeigen, dass ich alles schaffen kann, wenn ich wirklich will. Mir war wichtig, auch sportlich an meine Grenzen zu kommen, und durch die Workouts und vielen Sporteinheiten wusste ich, dass ich das mit BBC schaffen kann.

Was unterscheidet das BBC von anderen Abnehmprogrammen?
Ich wollte nicht mein komplettes Leben umstellen wie zum Beispiel bei Low Carb oder Weight Watchers. Ich möchte auch nicht irgendwas bezahlen und habe dann nur gewisse Zeit Anspruch darauf, das Programm zu nutzen. Ich kann mit dem Buch und der DVD so oft starten, wie ich will, und habe was in den Händen, in dem ich immer wieder nachschlagen kann.

Was ist dir besonders schwergefallen?
Das Aufraffen für die Sporteinheiten ist mir am Anfang sehr schwergefallen, weil ich eine Einheit morgens vor der Arbeit absolviert habe. Aber mein Ehrgeiz war so groß und ich habe mich nach dem Sport so wohlgefühlt, dass es zu einer Sucht wurde, Sport zu machen.

Was gefällt dir am besten?
Dass ich mich nicht darum kümmern musste, wann ich was esse oder wann ich Sport machen muss. Es ist klar vorgegeben und ich konnte mich so voll und ganz auf mich konzentrieren. Ich ertappe mich jetzt immer wieder dabei, dass ich daran denke, wie einfach es war, sich nach dem Buch zu richten und sein Leben danach zu gestalten.

Was hat sich in deinem Leben geändert?
Meine ganze Einstellung zum Essen und zum Sport. Ich habe gelernt, dass ich tolle Gerichte aus frischen Sachen zubereiten kann, ohne auf gewisse Dinge zu achten wie zum Beispiel Kohlenhydrate oder Ähnliches. Anstatt Reis esse ich nun Quinoa, anstatt Nudeln Zucchininudeln. Auch habe ich gelernt, anders mit Essen umzugehen. Ich koche in kleineren Mengen und esse nicht noch eine Portion, nur um es nicht wegzuschmeißen. Es macht mich froh, abends auf der Couch zu liegen und mich kaputt, aber gleichzeitig glücklich und stolz zu fühlen.

Welche Erkenntnisse nimmst du mit?
Es muss der Punkt kommen, an dem man selbst bereit ist, etwas zu ändern. Man muss sich bewusst werden, dass es nicht leicht wird, aber man schafft alles, was man wirklich will.

Wie hast du dich nach einem Durchhänger wieder auf die richtige Spur gebracht?
Ich habe nie mein Ziel aus den Augen verloren und mir immer wieder gesagt, dass ich es schaffe.

Ist das BBC auch familien- und partnertauglich?
Partnertauglich auf jeden Fall. Bei berufstätigen Müttern mit kleinen Kindern denke ich, dass das Sportprogramm zu viel ist.

Wie hat dich dein Umfeld unterstützt?
Alle sind wahnsinnig stolz auf mich, dass ich es so durchgezogen habe, ohne aufzugeben. Jeder hatte Verständnis dafür, wenn ich gesagt habe: Nein, ich kann oder möchte gewisse Dinge nicht.

Welche Tipps würdest du BBC-Einsteigern geben?
Seid bereit, euer Leben zu ändern, und fangt einfach an. Versucht es und denkt immer daran, dass ihr es für euch tut. Es kommen schwere Zeiten auf euch zu, aber der Weg ist das Ziel und ihr werdet die Schwierigkeiten überwinden.

VORHER

NACHHER

ERGEBNISSE

NACH 21 TAGEN:

Gewicht: –5 kg
Umfang Bauch: –5,5 cm
Umfang Oberschenkel: –2 cm

NACH 42 TAGEN:

Gewicht: –9 kg
Umfang Bauch: –9,5 cm
Umfang Oberschenkel: –3 cm
Kleidergröße: von 40 auf 36

ERFOLGSGESCHICHTE

ANNA F.

ALTER: 36 JAHRE
WOHNORT: WIEN, ÖSTERREICH
BERUF: LEHRERIN

Wie bist du auf das BBC aufmerksam geworden?

Ich habe das BBC zufällig auf Facebook entdeckt, war aber sofort sehr interessiert, da ich seit Jahren erfolglos versucht habe, meine Schwangerschaftskilos loszuwerden ... Silke kannte ich von *The Biggest Loser*. In diesem TV-Format war sie für meine Begriffe immer der überzeugendste und menschlichste Coach.

Welche Gründe hattest du, mit dem BBC zu starten?

Ich hatte 20 kg Übergewicht, Cellulitis, Gastritis und Verdauungsprobleme.

Was unterscheidet das BBC von anderen Abnehmprogrammen?

BBC besticht durch seinen ganzheitlichen Zugang zum Problem Übergewicht. Was für mich als vollzeitarbeitende Zweifachmutter vor allem zählt: BBC kann man in den stressigsten Alltag integrieren. Ich kann zu Hause trainieren, ich brauche dafür keine Kinderbetreuung, ganz im Gegenteil, meine Kinder sporteln mit. Ich muss nicht extra in ein Fitnesscenter fahren. Ich trainiere jetzt sehr oft in meiner Mittagspause im Keller unserer Schule, wo wir einen DVD-Player haben. Was zudem noch besser ist beim BBC als bei Fitness-Apps, die ich ebenfalls ausprobiert habe: Diese waren wie ein Wettbewerb gegen den Rest der Welt aufgebaut. Man macht sein Workout und die Stoppuhr rennt mit. Das hat bei mir immer einen Megastress ausgelöst. Silkes und Heiners DVD hat mir wieder Ruhe und Gelassenheit in den Sport gebracht, und da ich die Übungen richtig und langsam ausführe, schwitze ich viel mehr, als wenn ich irgendein Programm nur runterhaste.

Was ist dir besonders schwergefallen?

Der Verzicht auf Kaffee ist für mich das Härteste. Vor allem, weil ich dann Kopfweh bekomme. Aber je länger ich ohne Kaffee bin, desto fitter und wacher werde ich. Das Zweite, was mir seeeehr schwerfällt, ist der Verzicht auf Brot. Jetzt hab ich seit 36 Jahren automatisch zu jedem Salat oder zu jeder Suppe ein Stück Brot gegessen. Ich hatte am Anfang ein echt starkes Hungergefühl ohne Brot und musste mich megamäßig ablenken. Einmal hab ich dann am Abend noch ein wenig Obst gegessen, um nicht der Versuchung zu erliegen, mir ein Brot reinzuschieben.

Was gefällt dir am besten?

Es gibt sehr vieles, das mir extrem gefallen hat. Ich beschränke es einmal auf die zwei Hauptdinge: die Workouts mit Silke, die einfach der Hammer sind, und die tollen Rezepte. Durch Silke und Heiner habe ich gelernt, dass gesundes Essen so richtig megalecker schmecken kann!

Was hat sich in deinem Leben geändert?

Mich interessieren Fast Food und Süßes nicht mehr im Geringsten. Es ist so, als wäre ein Schalter in mir umgelegt worden und mein Geist verlangt jetzt plötzlich nach Mangos, Erdbeeren, Avocados ...

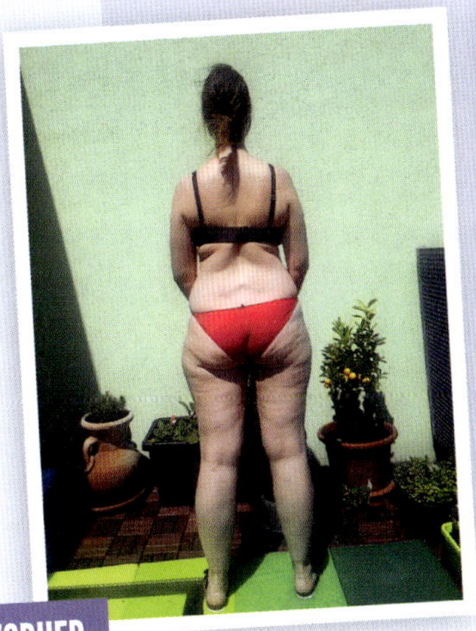
VORHER

NACHHER

ERGEBNISSE

NACH 21 TAGEN:

Gewicht: –4 oder 5 kg (das schwankt immer)
Umfang Bauch: –6 cm
Umfang Oberschenkel: –2 cm
Kleidergröße: von 44 auf 42

Eine mega Verwandlung, wenn man bedenkt, dass ich bis vor Kurzem so richtig ungesund gegessen habe.

Mit welchen Argumenten könntest du eine Freundin fürs BBC gewinnen?
Meine Bilder haben alle meine Freunde und Kollegen überzeugt. Einer nach dem anderen bestellt oder kauft gerade das Buch. Willst du dich wieder wohler fühlen in deiner Haut? Dann mach BBC.
Es bringt nichts, sich ständig über seinen Körper zu beschweren, man muss etwas für seinen Körper und seine Gesundheit machen. Get started!

Wie hast du dich nach einem Durchhänger wieder auf die richtige Spur gebracht?
Ich habe mir meine Vorherfotos angeschaut, das, was ich nicht mehr will. Ich habe auch manchmal einfach in unsere Community auf Facebook reingeschaut, das motiviert immer wieder von Neuem.

Ist das BBC auch familien- und partnertauglich?
Valentino, mein Vierjähriger, macht inzwischen schon Männerliegestütz ;-), korrigiert mich sogar. Wenn ich irgendetwas nicht genau so mache wie Silke, sagt er gleich: „Nein, Mama, du machst das ganz falsch, du musst es genau so wie die Dame im Fernseher machen!" Ich habe also noch dazu einen Minicoach. Beim Essen bekomme ich allerdings nur meine Neunjährige dazu, mitzuziehen.

Wie hat dich dein Umfeld unterstützt?
Mein Umfeld reagiert extrem auf meine Veränderung. Da ich mit sehr vielen Menschen in Kontakt komme und die meine körperliche Veränderung sehen oder auch meine Essensumstellung miterleben, werde ich ganz oft gefragt, wie ich das gemacht habe. Ich gebe allen den Tipp, sich das Buch zuzulegen. Sogar meine dünnen Freundinnen wollen jetzt einsteigen, weil sie vor dem Urlaub noch ihr Gewebe straffen möchten.

Welche Tipps würdest du BBC-Einsteigern geben?
Immer weitermachen, nie aufgeben.
Ich habe in der ersten Woche gar nichts abgenommen, erst ab der zweiten Woche ist mein Körper mitgezogen, der Erfolg kommt mit Sicherheit, man muss nur dranbleiben.

ERFOLGSGESCHICHTE

MICHAELA K.

ALTER: 39 JAHRE
WOHNORT: RODGAU
BERUF: SPEDITIONS-KAUFFRAU

Wie bist du auf das BBC aufmerksam geworden?
Durch ein wenig Zufall über Facebook. Ich habe nach einer Abnehmgruppe gesucht und fand den Namen Bikini-Bootcamp genial.

Welche Gründe hattest du, mit dem BBC zu starten?
Ich wollte endlich mein Wohlfühlgewicht wieder erreichen und einen strafferen Körper bekommen.

Was unterscheidet das BBC von anderen Abnehmprogrammen?
In der Facebook-Gruppe wurde ich neugierig auf das Essen. Mir fiel sofort auf, dass es wohl wirklich reichlich viel ist, was man essen darf. Allein die Bilder in der Gruppe von den Gerichten fand ich schon super! Ich kämpfe seit fünf Jahren mit meinem Gewicht. Vieles habe ich getestet und mit dem gleichen Ergebnis. Immer hatte ich 2 kg mehr auf der Waage. Dank der Gruppe hat es von Anfang an super viel Spaß gemacht und dadurch gibt man nicht so schnell auf.

Was ist dir besonders schwergefallen?
In den ersten Tagen der Sportteil. Muskelkater ohne Ende!!! Aber der ließ zum Glück schnell nach.

Was gefällt dir am besten?
Dass ich mir keine Gedanken über das Essen machen musste. Alles super beschrieben und es gab jeden Tag sehr abwechslungsreiche Gerichte. Und der erste Wiegetag ... eher das Maßband ... Ich konnte es kaum glauben, dass schon 5 cm weg waren.

Was hat sich in deinem Leben geändert?
Ich gehe viel bewusster einkaufen und überlege, was ich alternativ kochen kann. Damit ich nicht immer wieder ins alte Schema verfalle.

Welche Erkenntnisse nimmst du mit?
Ich muss weiter viel Sport machen. Mir würde sonst etwas fehlen und ich schaue wieder super gerne in den Spiegel. Es gefällt mir, was ich sehe. Keine zu engen Jeans mehr, alles passt besser. Tolles Gefühl.

Mit welchen Argumenten könntest du eine Freundin fürs BBC gewinnen?
Sehr schnelle Resultate. Abwechslungsreiche Mahlzeiten. Eine tolle und motivierende Facebook-Gruppe.

Wie hast du dich nach einem Durchhänger wieder auf die richtige Spur gebracht?
Zum Glück hatte ich keinen richtigen Durchhänger! Wenn ich bezüglich des Sportes an einem Tag etwas fauler war, habe ich es am nächsten Tag alles wieder nachgeholt.

Ist das BBC auch familien- und partnertauglich?
Ja, ich finde auf jeden Fall. Mein Lebenspartner und mein Sohn haben viele Gerichte mitgegessen. Vor allem das Mangomüsli kam super an. Ansonsten habe ich für die beiden was extra gekocht.

Wie hat dich dein Umfeld unterstützt?
Anfangs wurde ich doch sehr belächelt, aber jetzt sind alle stolz und geben mir Mut, weiterzumachen.

Welche Tipps würdest du BBC-Einsteigern geben?
Auf jeden Fall niemals aufzugeben und es so gut wie möglich durchzuführen.

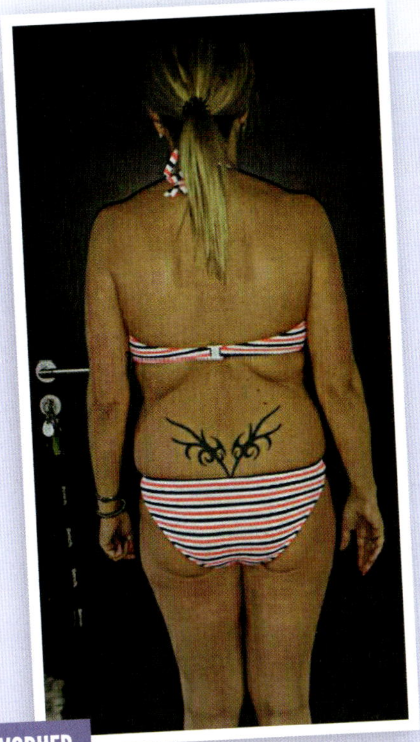
VORHER

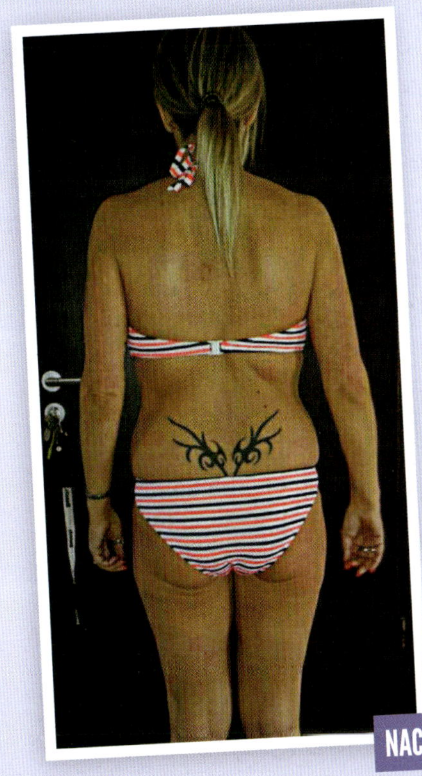
NACHHER

ERGEBNISSE

NACH 21 TAGEN:

Gewicht: –4 kg
Umfang Bauch: –10 cm
Umfang Oberschenkel: –1 cm
(und sehr viel straffer und fester)
Kleidergröße: von 40 auf eine locker sitzende 38

ERFOLGSGESCHICHTE

CAROLIN B.

ALTER: 23
WOHNORT: GERA

Wie bist du auf das BBC aufmerksam geworden?
Ich verfolge Silke Kayadelen schon eine Weile auf ihrer Facebook-Seite sowie auf ihrem YouTube-Kanal. Ich habe gesehen, dass sie ihr neues Buch *Das Bikini-Bootcamp* auf ihrer Facebook-Seite vorgestellt hat. Dieses Buch musste ich natürlich gleich kaufen.

Welche Gründe hattest du, mit dem BBC zu starten?
Ich fühlte mich unwohl in meiner Haut, wollte abnehmen und mich gesünder ernähren.

Was unterscheidet das BBC von anderen Abnehmprogrammen?
Dieses Programm haben ganz tolle Menschen erstellt, die seit vielen Jahren mit übergewichtigen Menschen zusammenarbeiten. Es ist keine Diät, sondern meiner Meinung nach der Start für eine langfristige und dauerhafte Ernährungsumstellung. Die Ernährung ist ausgewogen und man verzichtet nur auf sehr wenige Dinge, nicht wie bei anderen Programmen, wo man zum Beispiel Milchprodukte komplett weglassen muss.

Was ist dir besonders schwergefallen?
Ganz klar auf Süßigkeiten in jeglicher Form zu verzichten. Dankend das Stück Kuchen abzulehnen oder nicht in die Bonbonkiste in der Arbeit zu greifen, erfordert ein großes Maß an Selbstdisziplin, gerade am Anfang. Ich habe mir dann immer gesagt: Warum machst du dieses Programm genau? Für ein fitteres und gesünderes Leben. Und ich habe mir Alternativen gesucht wie Mandeln oder eine Handvoll Obst.

Was gefällt dir am besten?
Neue Nahrungsmittel auszuprobieren wie etwa Hirse, Couscous oder Gemüsespaghetti, einfach mit frischen und gesunden Lebensmitteln zu kochen. Die täglichen Motivationstipps im Buch haben mir sehr gefallen.
Ein absolut tolles Programm für den Start in ein gesünderes, fitteres Leben.
Danke, liebe Silke und Heiner, für dieses wunderbare Buch!

Was hat sich in deinem Leben geändert?
Ich fühle mich viel fitter und wohler in meinem Körper. In meinem Einkaufswagen ist jetzt deutlich mehr Obst und Gemüse zu finden. Fast Food und Schokolade gibt es so gut wie gar nicht mehr, weil mir das alles nicht mehr so schmeckt.

Welche Erkenntnisse nimmst du mit?
Gesunde Ernährung ist lecker und kostet nicht mehr als andere Lebensmittel. Der Körper funktioniert auch sehr gut ohne Haushaltszucker. Das Sportprogramm ist hart, aber machbar, man muss sich nur organisieren und den Willen haben, den inneren Schweinehund zu überwinden.

ERGEBNISSE

NACH 21 TAGEN:

Gewicht: –7 kg
Umfang Bauch: –9 cm
Umfang Oberschenkel: –3 cm
Kleidergröße: von 42 auf 40

Mit welchen Argumenten könntest du eine Freundin fürs BBC gewinnen?
Das Programm dauert nur drei Wochen, du verzichtest lediglich auf Alkohol, Nudeln, Reis und Süßigkeiten, dabei lernst du sehr viel über gesunde und nachhaltige Ernährung.

Ist das BBC auch familien- und partnertauglich?
Absolut. Wenn ich zu Hause war, haben meine Eltern ebenfalls mitgemacht, die Rezepte sind lecker und familientauglich.

Wie hat dich dein Umfeld unterstützt?
Einige haben nachgefragt, wie ich abgenommen habe. Ich habe ihnen dann natürlich vom BBC erzählt, ein paar haben sich dann ebenfalls das Buch gekauft, weil sie so begeistert von meinen Erfolgen waren. Manchmal haben wir zusammen aus dem BBC gekocht und waren sehr angetan von den leckeren Rezepten. Ich habe nur positive Rückmeldungen aus meinem Umfeld bekommen.

Welche Tipps würdest du BBC-Einsteigern geben?
Lasst euch auf diese drei tollen Wochen ein. Die erste Woche ist hart wegen dem Zuckerentzug usw., aber es wird besser und ihr werdet belohnt mit weniger Gewicht und einer fitteren und gesünderen Lebensweise.
Ich habe gute Erfahrungen gemacht mit Vorkochen. Wenn es mal etwas stressig wird, fällt man dann nicht in alte Gewohnheiten zurück.
Am besten natürlich gemeinsam mit einer Freundin anfangen, das hilft der Motivation. Das Sportprogramm ist für halbwegs Normalgewichtige machbar. Die, die etwas mehr Gewicht haben, sollten einfach auf ihren Körper hören. Von Mal zu Mal werdet ihr fitter und schafft immer mehr.

MAHLZEIT 2 FÜR 21 TAGE

TAG 1

MAHLZEIT 2

GEFÜLLTE ZUCCHINI MIT HACKFLEISCH

ZUTATEN

- 1 große Zucchini
- Salz, Pfeffer aus der Mühle
- 1 Knoblauchzehe
- 1 Zwiebel
- 1 Handvoll Champignons
- 1 TL Öl
- 200 g Tatar oder Rinderhackfleisch
- 1 Prise Zimt
- 25 g Ziegenkäse
- ein paar Minzblätter nach Belieben

Backofen auf 200 °C vorheizen.
Die Zucchini putzen, waschen, längs halbieren und das Fruchtfleisch mit einem kleinen Löffel vorsichtig aus der Schale lösen. Beide Zucchinihälften in eine gefettete Auflaufform geben und mit Salz und Pfeffer würzen. Den Knoblauch und die Zwiebel schälen. Zwiebel fein würfeln. Champignons säubern und in Scheiben schneiden.
Öl in einer Pfanne erhitzen, Knoblauch hineinpressen und mit Zwiebel und Tatar gut anbraten. Zucchinifruchtfleisch und die Champignons dazugeben und ca. 4 Minuten anbraten. Mit Salz, Pfeffer und Zimt würzen und Fleischmasse anschließend in die Zucchinihälften füllen.

Den Ziegenkäse zerkleinern. Die Minzblätter waschen, mit einem Küchenpapier trocken tupfen, fein hacken und unter den Ziegenkäse mischen. Käsemischung über die gefüllten Zucchinis streuen. Auflaufform in den Ofen schieben und Zucchinis etwa 15–20 Minuten überbacken.

Für Vegetarier: Das Fleisch weglassen und stattdessen 1 Handvoll Champignons, 1 Zwiebel, 2 Möhren und 1 EL Sonnenblumenkerne zusätzlich verwenden. Alles ganz fein schneiden und mit 1 weiteren TL Öl und 2 TL Gemüsebrühe mit dem restlichen Gemüse in der Pfanne gut anbraten. 15 g Gouda-Käse (45 %) in feine Streifen schneiden, unter die Gemüsemischung geben und diese in die Zucchinihälften füllen.

TAG 2

MAHLZEIT 2

DER BUNTE TOMATENSALAT MIT AVOCADO

ZUTATEN

- 2–3 Handvoll gemischte Kirschtomaten (gelb, orange, rot, grün)
- 200 g gemischter Blattsalat (z. B. Rucola, junger Spinat, junger Mangold, Kapuzinerkresse, Lollo Rosso etc.)
- 1 kleine Avocado
- Salz
- Pfeffer
- 1 TL Öl
- Balsamicoessig nach Belieben

Die Tomaten waschen und vierteln, den Salat waschen, trocken schütteln und in mundgerechte Stücke zupfen.
Die Avocado halbieren, den Kern entfernen, das Fruchtfleisch mit einem Löffel aus der Schale heben und in kleine Würfel schneiden.
Salat, Tomaten, Avocado in einer großen Schüssel vermischen, mit Salz, Pfeffer, Öl und Balsamicoessig würzen.

Tipp: Falls du nur eine Hälfte der Avocado verwenden möchtest, dann lass den Kern in der Hälfte, die du nicht brauchst. Avocados verlieren ohne Kern schneller ihre Farbe und werden braun.
Den Kern kannst du behutsam mit einem Messer oder einem Löffel entfernen.

TAG 3

MAHLZEIT 2

SILKES LEICHTER KARTOFFELSALAT

Die Kartoffeln in einen Topf geben, so viel kaltes Wasser hinzugeben, dass die Kartoffeln bedeckt sind, aufkochen lassen und Kartoffeln bei mittlerer Hitze zugedeckt ca. 25 Minuten weich kochen.
In der Zwischenzeit die Gurken und die Radieschen waschen, putzen und in ganz dünne Scheiben schneiden. Die Petersilie waschen, trocken schütteln und fein hacken.
Die Zwiebel schälen und in kleine Würfel schneiden. Öl in einem Topf erhitzen und die Zwiebel darin glasig dünsten, Brühe dazugeben und erhitzen. Den Topf vom Herd nehmen und Essig, Salz, Pfeffer und den Senf hineingeben und alles gut verrühren.
Die Kartoffeln abgießen, pellen, in Scheiben schneiden und in eine Schüssel geben, mit der Brühe übergießen, vermengen und etwas ziehen lassen. Mandeln grob hacken.
Kurz vor dem Servieren die Gurken- und Radieschenscheiben unter den Kartoffelsalat mischen, mit Salz und Pfeffer abschmecken. Mit Petersilie und Mandelsplittern bestreuen.

ZUTATEN

- 250 g Kartoffeln (vorwiegend festkochend)
- 2 kleine Gurken
- 1 Handvoll Radieschen
- 2 Stängel Petersilie
- 1 kleine Zwiebel
- 1 TL Öl
- 2 EL Gemüsebrühe
- 1 TL Essig
- Salz
- Pfeffer
- ½ TL Senf (mittelscharf)
- 5 Mandeln

TAG 4

QUINOA-KICHERERBSEN-SALAT MIT TOMATEN

MAHLZEIT 2

2x Tag 3

Quinoa in ein Sieb geben, unter laufendem Wasser so lange waschen, bis das Wasser klar bleibt. Gemüsebrühe in einen Topf geben und aufkochen. Quinoa dazugeben, zugedeckt bei mittlerer Hitze 15 Minuten köcheln lassen. Topf vom Herd nehmen und Quinoa abkühlen lassen.
In der Zwischenzeit die Kichererbsen in ein Sieb gießen, mit Wasser gut abspülen und abtropfen lassen.
Die Tomaten und die Gurke waschen, putzen und in ganz feine Würfel schneiden. Koriander waschen, trocken schütteln und fein hacken.
Anschließend die Gurken- und Tomatenwürfel, Quinoa, Kichererbsen und Koriander in eine Schüssel geben, vermengen und mit Salz, Pfeffer, Chiliflocken und Zitronen- oder Limettensaft abschmecken.

ZUTATEN

- 50 g Quinoa
- 100 ml Gemüsebrühe
- 100 g Kichererbsen (Abtropfgewicht)
- 1 Handvoll Kirschtomaten
- 1 große Salatgurke oder 2 kleine Gurken
- 1 Stängel Koriander
- Salz
- Pfeffer
- 1 Messerspitze Chiliflocken
- 2 TL Zitronen- oder Limettensaft

TAG 5

MAHLZEIT 2

HIRSESALAT MIT KRÄUTERN

ZUTATEN

- 75 g Hirse
- 1 TL Mandelsplitter
- 1 Handvoll Kirschtomaten
- 1 Feige
- ¼ Bund Schnittlauch
- 1 Stängel Petersilie
- 2 Stängel Minze
- 1 Stängel Dill
- 1 TL weißer Balsamico
- 1 TL Öl
- Salz
- bunter Pfeffer

200 ml Wasser in einem Topf aufkochen, die Hirse einstreuen und zugedeckt bei schwacher Hitze ca. 10 Minuten garen. Topf vom Herd nehmen und die Hirse ca. 10 Minuten zugedeckt quellen lassen. Danach in eine Schüssel umfüllen und abkühlen lassen.
Die Mandelsplitter in einer beschichteten Pfanne ohne Öl anrösten. Tomaten waschen, halbieren, Feigen waschen und vierteln. Die Kräuter waschen, trocken schütteln und fein hacken.
Hirse mit Balsamico, Öl, Salz und Pfeffer würzen. Tomaten, Feigen und Kräuter untermischen und alles vorsichtig vermengen. Die gerösteten Mandeln über den Salat geben und alles nochmals mit Salz und Pfeffer abschmecken.

Tipp: Den Hirsesalat kannst du gut am Abend vorbereiten und bis zum nächsten Tag im Kühlschrank aufbewahren.

TAG 6

MAHLZEIT 2

FEURIGE LIMETTENSUPPE MIT GARNELEN

Den Chinakohl putzen, waschen und in kleine Streifen schneiden. Die Chilischote waschen, putzen und ganz fein hacken. Die gewaschene Limette in feine Scheiben schneiden. Champignons putzen und in dünne Scheiben schneiden.
In einem Topf das Öl erhitzen und die Chilistückchen kurz anbraten. Danach gleich die Brühe, die Limettenscheiben, den Chinakohl und die Garnelen dazugeben. Mit Salz und Pfeffer abschmecken und alles 10 Minuten bei mittlerer Hitze köcheln lassen.
Dann die Champignons dazugeben und alles noch mal 5 Minuten köcheln lassen.

Für Vegetarier: Vegetarier ersetzen die Garnelen durch 150 g Tofu und die Hühnerbrühe durch Gemüsebrühe.

ZUTATEN

- ½ Chinakohl
- 1 kleine grüne Chilischote
- 1 Limette (unbehandelt)
- 1 Handvoll Champignons
- ½ TL Sesamöl
- 200 ml Hühnerbrühe
- 100 g Garnelen (küchenfertig)
- Salz
- Pfeffer aus der Mühle

TAG 7

MAHLZEIT 2

GEFÜLLTE TOMATEN MIT COUSCOUS

Tag 8

Die Tomaten waschen und einen Deckel abschneiden. Das Innere mit einem kleinen Löffel herausholen. Brühe, 2 TL Limettensaft und Tomatensaft in einer Schüssel verquirlen.
Knoblauch schälen und mit einer Knoblauchpresse pressen. Petersilie waschen, trocken schütteln und grob hacken. Die Zwiebeln putzen, waschen und in ganz feine Ringe schneiden.
Öl in einem Topf erhitzen, Zwiebeln darin andünsten, Knoblauch, das Innere der Tomaten und Couscous dazugeben, anschwitzen und mit dem Limetten-Tomaten-Gemisch ablöschen. Bei mittlerer Hitze 5 Minuten leicht kochen lassen und mit Salz, Pfeffer, Tabasco, 1 TL Limettensaft und Agavendickensaft abschmecken. Petersilie dazugeben.
Die ausgehöhlten Tomaten innen mit Salz und Pfeffer würzen und die Couscousfüllung in die Tomaten füllen. Deckel daraufsetzen und servieren.

ZUTATEN

- 3 mittelgroße Tomaten
- 30 ml Gemüsebrühe
- 3 TL Limettensaft
- 100 ml Tomatensaft
- 1 Knoblauchzehe
- 2 Stängel Petersilie
- 2–3 Frühlingszwiebeln
- 1 TL Öl
- 30 g Couscous
- Salz
- Pfeffer
- Tabasco
- ½ TL Agavendicksaft

TAG 8

MAHLZEIT 2

FEINER AVOCADO-PILZ-AUFSTRICH AUF VOLLKORNBROT

ZUTATEN

- 1 Handvoll Champignons
- 1 Zwiebel
- Salz
- 2 Stängel Petersilie
- 4 kleine Kirschtomaten
- ½ reife Avocado
- 1 Scheibe Vollkornbrot
- etwas Limetten- oder Zitronensaft
- Pfeffer aus der Mühle

Champignons putzen und in dünne Scheiben schneiden.
Die Zwiebel schälen, vierteln und in ganz dünne Scheiben schneiden, in einer Schüssel mit etwas Salz mischen und zur Seite stellen.
Einige Zwiebelringe und Champignonscheiben beiseitelegen.
Petersilie waschen, trocken schütteln und ganz fein hacken.
Die Tomaten waschen und vierteln.
Avocado halbieren, Kern entfernen und das Fruchtfleisch mit einem Löffel aus der Schale heben. Fruchtfleisch mit der Zwiebel, den Champignons und der Petersilie in einen Mixer geben und kurz mixen.
Paste mit Salz abschmecken.
Den Aufstrich auf der Scheibe Vollkornbrot verteilen, mit etwas Limetten- oder Zitronensaft beträufeln und mit Pfeffer bestreuen. Die Scheibe Vollkornbrot mit den restlichen Zwiebelringen und Champignonscheiben belegen. Den Teller mit den Tomaten garnieren, servieren.

Tipp: Wer gerne Knoblauch mag, kann noch etwas gepressten Knoblauch mit in den Avocado-Pilz-Aufstrich geben.

TAG 9

MAHLZEIT 2

SILKES KALTE GURKENSUPPE

ZUTATEN

- 1 Knoblauchzehe
- 1,5 TL Olivenöl
- Salz
- 1 Handvoll frische Minzblätter
- 1 Gurke
- 125 g Joghurt (1,5 % Fett)
- 50 ml Wasser
- Pfeffer aus der Mühle

Knoblauch schälen und in einem Mörser mit etwas Öl und Salz zu einem Mus zerdrücken. Minze waschen, trocken schütteln und ganz fein hacken. Einige Minzblätter zum Garnieren beiseitelegen.
Die Gurke waschen, fein raspeln und in einer Schüssel mit etwas Salz ziehen lassen. Nach ca. 15 Minuten das angesammelte Gurkenwasser entfernen und Joghurt, Knoblauchpaste, Minze und 1 TL Öl in die Schüssel geben. Alles abgedeckt für ca. 1 Stunde in den Kühlschrank stellen.
Kurz vor dem Servieren so viel eiskaltes Wasser zufügen, bis die Suppe die gewünschte Konsistenz hat. Suppe mit Salz und Pfeffer abschmecken und mit den Minzblättern bestreut servieren.

Tipp: An heißen Sommertagen kann diese Suppe auch mit ein paar Eiswürfeln serviert werden. Wer es ein wenig scharf mag, kann vor dem Servieren noch ein bisschen Cayennepfeffer darübergeben.

Zusatzinfo: Die kalte Gurkensuppe kommt aus der türkischen Küche. Ein typisches Gericht aus meiner Kinderzeit.

TAG 10

MAHLZEIT 2

QUINOA-TOMATEN-SELLERIE-PFANNE

ZUTATEN

- 1 Staudensellerie
- 1 kleine Zwiebel
- 1 Handvoll Kirschtomaten
- 1 TL Öl
- 100 g Quinoa
- 1 EL Mandelsplitter
- 2 TL Dill
- Salz
- Pfeffer

Staudensellerie putzen und in kleine Stücke schneiden. Zwiebel schälen und ganz fein würfeln. Tomaten waschen und halbieren. ½ TL Öl in einem Topf erhitzen, Zwiebel und Staudensellerie darin etwas anschwitzen. Quinoa dazugeben und knapp mit Wasser bedecken. Mit Salz und Pfeffer würzen und zugedeckt bei geringer Hitze ca. 10 Minuten köcheln lassen, ohne umzurühren. In der Zwischenzeit den Dill waschen, trocken schütteln und die Blättchen vom Zweig abzupfen. Mandelsplitter in einer Pfanne mit ½ TL Öl rösten, Quinoa-Sellerie-Mischung und Kirschtomaten in die Pfanne geben, alles ohne Deckel ein paar Minuten ausdampfen lassen. Mit Salz und Pfeffer abschmecken und auf einen Teller geben. Dill darüber verteilen.

TAG 11

MAHLZEIT 2

MAROKKANISCHER BULGURSALAT MIT SCHAFSKÄSE

ZUTATEN

- 2 Frühlingszwiebeln
- 1 TL Öl
- 50 g Bulgur
- 100 ml Gemüsebrühe
- 1 TL Tomatenmark (nach Belieben auch scharf)
- 1 rote Paprika
- 1 Handvoll Kirschtomaten
- 1 kleine Gurke
- ½ Bund Petersilie
- ½ TL Zitronensaft
- Salz
- Pfeffer
- 30 g Schafskäse
- 1 Messerspitze Ras-el-Hanout-Gewürzmischung

Zwiebeln putzen, waschen und fein würfeln. Öl in einen Topf geben, erhitzen, Zwiebeln und Bulgur darin leicht andünsten. Die Gemüsebrühe und das Tomatenmark dazugeben, verrühren und im geschlossenen Topf ca. 10 Minuten quellen lassen. Danach den Topf vom Herd nehmen und Bulgur abkühlen lassen.
Paprika waschen, putzen und in Stücke schneiden. Tomaten waschen und vierteln. Gurke waschen und in kleine Stücke schneiden. Petersilie waschen, trocken schütteln und fein hacken.
Den etwas abgekühlten Bulgur mit Zitronensaft, Salz und Pfeffer abschmecken und etwas ziehen lassen. Danach den zerkleinerten Schafskäse, das gesamte Gemüse und die Petersilie unter den Bulgur mischen und alles noch einmal mit Salz, Pfeffer und Ras-el-Hanout abschmecken.

Tipp: Du kannst den Bulgursalat gut am Abend vorbereiten und im Kühlschrank aufbewahren. Wenn er über Nacht zieht, schmeckt er am nächsten Tag noch intensiver. Die Petersilie bitte erst kurz vor dem Servieren dazugeben.

TAG 12

MAHLZEIT 2

SCHARFER QUINOA-KÜRBIS-SALAT

Quinoa in ein Sieb geben und so lange unter laufendem Wasser abspülen, bis das Wasser klar bleibt.
In einem Topf 200 ml Gemüsebrühe zum Kochen bringen, Quinoa einstreuen und zugedeckt bei kleiner Hitze etwa 10 Minuten kochen. Dann den Topf vom Herd nehmen und Quinoa 10 Minuten quellen lassen.
Kürbis schälen, entkernen, Fruchtfleisch in kleine Stücke schneiden. Paprika waschen, putzen und in kleine Stücke schneiden. Lauch putzen, gründlich waschen und in feine Ringe schneiden. Thymian waschen, trocken schütteln und fein hacken. Knoblauch schälen und ganz fein hacken.
½ TL Öl in einer Pfanne erhitzen, Kürbis, Knoblauch dazugeben und bei mittlerer Hitze kurz anbraten. Paprika, Lauch und Thymian untermischen und weitere 4 Minuten anbraten.
Die restliche Brühe dazugeben, salzen und pfeffern. Rosinen und Sambal Oelek unterrühren. Bei schwacher Hitze 2 Minuten köcheln lassen.
Währenddessen Petersilie waschen, trocken schütteln und grob hacken.
Quinoa in die Pfanne geben, Petersilie, Limettensaft und das restliche Öl dazugeben, mit Salz und Pfeffer würzen. Alles gut miteinander vermengen und etwas ziehen lassen.
Vor dem Servieren noch einmal mit Salz und Pfeffer abschmecken.

ZUTATEN

- 70 g Quinoa
- 250 ml Gemüsebrühe
- ½ Kürbis (z. B. Hokkaido)
- 1 Paprika (rot oder gelb)
- 1 Stange Lauch
- 1 Stängel Thymian
- 2 Knoblauchzehen
- 1 TL Öl
- Salz
- Pfeffer
- 1 EL Rosinen
- ½–1 TL Sambal Oelek oder Harissa
- 2 Stängel Petersilie

TAG 13

MAHLZEIT 2

KICHERERBSEN-EINTOPF MIT GEMÜSE

ZUTATEN

- 1 kleine Kartoffel
- 2 Zwiebeln
- 2 mitteldicke Möhren
- 1 Knoblauchzehe
- 1 Handvoll Kirschtomaten
- 1 Lorbeerblatt
- 100 g Kichererbsen (Abtropfgewicht)
- 1 Orange
- 1 Stängel Koriander
- 1 TL Öl
- 1 Prise Kreuzkümmelsaat
- etwas Paprikapulver (edelsüß)
- 150 ml Gemüsebrühe
- Salz
- Pfeffer
- ½ TL Agavendicksaft

Kartoffel, Zwiebeln und Möhren schälen, waschen und in kleine Würfel schneiden. Knoblauch schälen und fein hacken. Tomaten waschen und vierteln. Lorbeerblatt mehrfach einschneiden. Kichererbsen in ein Sieb geben, mit Wasser abspülen und abtropfen lassen. Orange auspressen, Koriander waschen, trocken schütteln, Blätter abzupfen und grob hacken.
Öl in einem Topf erhitzen, Zwiebeln und Knoblauch bei mittlerer Hitze glasig dünsten. Kreuzkümmel und Paprikapulver dazugeben und mitdünsten. Die Tomaten-, Möhren- und Kartoffelstücke sowie Kichererbsen unterrühren und dünsten. Lorbeerblatt und die Gemüsebrühe zugeben, abgedeckt aufkochen, bei mittlerer Hitze ca. 20 Minuten köcheln lassen. Orangensaft in den Eintopf rühren und erhitzen. Eintopf mit Salz, Pfeffer und Agavendicksaft abschmecken. Dann auf dem Teller anrichten und zum Servieren Koriander darüberstreuen.

Tipp: Wer es ein wenig schärfer mag, kann hier noch ein wenig Tabasco dazugeben.

TAG 14

MAHLZEIT 2

MEDITERRANER HÄHNCHEN-EINTOPF

Zwiebel schälen und fein hacken. Tomaten waschen und würfeln. Champignons putzen, in Würfel schneiden. Bohnen putzen und waschen. Knoblauch schälen und klein hacken oder pressen.
Öl in einer Pfanne erhitzen und Zwiebel darin andünsten. Hähnchenfleisch würfeln, in die Pfanne geben und kurz anbraten. Tomaten, Champignons, Zuckerschoten, Tomatenmark und den Knoblauch in die Pfanne geben und garen. Mit der Gemüsebrühe ablöschen, Kräuter hinzufügen, salzen und pfeffern. Eintopf mit geschlossenem Deckel ca. 20 Minuten garen lassen. Auf einem Teller servieren und genießen.

Tipp: Wenn es schnell gehen soll, empfehle ich gemischtes Gemüse aus der Tiefkühltruhe.

Für Vegetarier: Vegetarier ersetzen das Hähnchenfleisch durch 200 g Tofu.

ZUTATEN

- 1 Zwiebel
- 2 Handvoll Kirschtomaten
- 1 Handvoll Champignons
- 1 Handvoll Zuckerschoten oder Bohnen (frisch oder TK)
- 1 Knoblauchzehe
- 1 TL Öl
- 200 g Hähnchenbrustfilet
- 2 EL Tomatenmark
- 150 ml Gemüsebrühe
- etwas getrockneter Oregano
- etwas getrocknetes Basilikum
- Salz
- Pfeffer

TAG 15

MAHLZEIT 2

GEFÜLLTE ZUCCHINI MIT GEMÜSE UND QUARK

ZUTATEN

- 1 große Zucchini
- 1 Paprika
- 1 Knoblauchzehe
- 1 TL Öl
- Salz
- 15 g Parmesan
- 2 Stängel Petersilie
- 1 Ei
- 75 g Magerquark
- eine Prise Paprikapulver
- Pfeffer

Backofen auf 180 °C vorheizen.
Die Zucchini putzen, waschen, längs halbieren und das Fruchtfleisch mit einem kleinen Löffel vorsichtig entfernen und in kleine Würfel schneiden. Paprika waschen, putzen und auch in Würfel schneiden. Knoblauch schälen und in einem Mörser mit Öl und Salz zu einem Mus verarbeiten. Parmesan fein reiben, Petersilie waschen, trocken schütteln und fein hacken. Das Ei trennen und das Eigelb mit dem Quark, dem Parmesan, der Petersilie und etwas Paprikapulver verrühren. Die Gemüsewürfel und die Knoblauchpaste in die Quarkmischung rühren und alles mit Salz und Pfeffer abschmecken.
Die Zucchinihälften mit der Quarkmischung füllen, in eine Auflaufform legen und etwas Wasser dazugießen. Im Ofen ca. 25–30 Minuten backen lassen.

TAG 16

MAHLZEIT 2

KICHERERBSENSALAT MIT PETERSILIE

Hart gekochtes Ei pellen und in kleine Stücke schneiden. Die Petersilie waschen, trocken schütteln und fein hacken.
Kichererbsen in ein Sieb gießen, mit Wasser gut abspülen und abtropfen lassen. Limettensaft, Kreuzkümmel, Salz, Pfeffer, Öl und Joghurt in einer Schüssel verrühren.
Kichererbsen, Petersilie und Chiliflocken ebenfalls in die Schüssel geben, alles gut vermischen und ca. 30 Minuten ziehen lassen.
Vor dem Servieren das klein geschnittene Ei unterheben und Salat gegebenenfalls noch mit Salz und Pfeffer abschmecken.

ZUTATEN

- 1 hart gekochtes Ei
- 2 Stängel Petersilie
- 100 g Kichererbsen (Abtropfgewicht)
- 1 EL Limettensaft
- 1 Prise gemahlener Kreuzkümmel
- Salz
- Pfeffer
- 1 TL Öl
- 4 EL Joghurt (1,5 % Fett)
- 1 Messerspitze Chiliflocken

TAG 17

MAHLZEIT 2

HÄHNCHEN MIT MANGOCOUSCOUS

ZUTATEN

- 125 ml Hühnerbrühe
- 20 g Couscous
- 1 Zweig Rosmarin
- 1 Hähnchenfilet (ca. 150 g)
- 1 TL Öl
- Salz
- Pfeffer
- ½ Mango
- 2 Zucchinis
- 2 TL Mandelsplitter

Brühe in einem Topf aufkochen (1 EL für später aufbewahren), den Couscous hineingeben und zugedeckt etwas ziehen lassen. Rosmarin waschen und trocken schütteln. Backofen auf 60 °C vorheizen.
Hähnchenfilet abwaschen und mit einem Küchenpapier trocken tupfen. In einer Pfanne Öl erhitzen und das Hähnchenfilet und den Rosmarinzweig ca. 4 Minuten von beiden Seiten anbraten. Mit Salz und Pfeffer würzen.
Die Mango schälen, das Fruchtfleisch vom Stein schneiden und fein würfeln. Die Zucchinis putzen, waschen und in Scheiben schneiden.
Hähnchenfilet mit dem Rosmarin aus der Pfanne nehmen, in eine ofenfeste Schüssel geben und im Backofen warm stellen.
Die Zucchinis in die Pfanne geben, mit 1 TL Hühnerbrühe ca. 2–3 Minuten anbraten, mit Salz und Pfeffer abschmecken. Hähnchenbrustfilet in feine Scheiben schneiden. Die Mangostücke mit den Mandelsplittern unter den Couscous heben, mit Salz und Pfeffer abschmecken. Hähnchenfleisch mit dem Mangocouscous und den Zucchinischeiben auf einem Teller anrichten.

Für Vegetarier: Vegetarier ersetzen die Hühnerbrühe durch Gemüsebrühe und das Hähnchenfilet durch Tofu.

TAG 18

KLEINE AUBERGINEN-PIZZEN

MAHLZEIT 2

ZUTATEN

- 1 große Aubergine
- Salz
- 1 Kugel Mozzarella
- 1 Handvoll Kirschtomaten
- 2 TL Tomatenmark
- 1 Knoblauchzehe
- 2 Stängel Basilikum
- Pfeffer

Die Aubergine waschen, putzen und in Scheiben (ca. ½ cm dick) schneiden. Die Scheiben von beiden Seiten salzen und einige Minuten ziehen lassen.
In der Zwischenzeit den Backofen auf 200 °C vorheizen. Mozzarella aus der Packung nehmen und gut abtropfen lassen. Danach in dünne Scheiben schneiden.
Die Tomaten waschen und klein schneiden. Die Auberginenscheiben mit einem Küchenpapier trocken tupfen. Backblech mit Backpapier auslegen und die Auberginenscheiben darauf legen.
Auberginenscheiben mit Tomatenmark bestreichen, Knoblauch schälen, pressen und auf das Tomatenmark geben. Scheiben mit Salz und Pfeffer würzen. Basilikum waschen, trocken schütteln und die Blätter in feine Streifen schneiden.
Tomatenstücke, Mozzarella und die Basilikumstreifen auf den Auberginenscheiben verteilen. Blech in den Backofen schieben und Pizzen so lange backen, bis der Mozzarella geschmolzen ist. Danach aus dem Ofen nehmen, auf einem Teller anrichten und servieren.

Tipp: Wer keine Auberginen mag oder zur Hand hat, kann auch Zucchinis verwenden.

TAG 19

MAHLZEIT 2

DER MINZIGE COUSCOUS-SALAT

ZUTATEN

- 75 g Couscous
- Salz
- Pfeffer
- 1 Gurke
- 8 kleine Tomaten oder 4 große Tomaten
- 2 Möhren
- 2 Stängel Minze
- 3 EL Walnusskerne
- 1 TL Zitronensaft
- 1 TL Öl

Den Couscous in eine Schüssel geben. 100 ml Wasser aufkochen und mit einem Schneebesen einrühren. Mit Salz und Pfeffer abschmecken und ziehen lassen. Gurke und Tomaten waschen, putzen und fein würfeln. Möhren putzen, schälen und klein würfeln, Minze waschen, trocken schütteln und Blätter fein hacken.
Die Walnusskerne grob hacken.
Alle Zutaten unter den Couscous mengen und mit Zitronensaft, Öl, Pfeffer und Salz abschmecken.

Tipp: Zur Dekoration kannst du noch ein paar ganze Minzblätter über den Couscous geben. Und aus den übrig gebliebenen Minzblättern kannst du dir einen Minztee aufbrühen.

TAG 20

MAHLZEIT 2

WARMER APFEL-SELLERIE-SALAT MIT FORELLE

ZUTATEN

- 1 TL Zitronensaft
- 2 TL Sahnemeerrettich
- 1 TL Öl
- Essig nach Belieben
- Salz
- Pfeffer
- 1 TL Dill (frisch oder getrocknet)
- 1 kleine Zwiebel
- 1 Apfel
- 1–2 Stangen Sellerie
- 2 Forellenfilets (geräuchert)

Zitronensaft, Sahnemeerrettich, ½ TL Öl, Essig in einer Schüssel zu einer Sauce rühren und mit Salz, Pfeffer und Dill abschmecken. Die Zwiebel schälen, fein würfeln. Apfel waschen, Kerngehäuse entfernen, Sellerie putzen, waschen und beides in ganz kleine Stücke schneiden.
Das restliche Öl in eine Pfanne geben und Zwiebel, Apfel und Sellerie etwas dünsten lassen.
Forellenfilet mit dem Zwiebel-Apfel-Sellerie-Gemisch auf dem Teller anrichten, mit der Sauce servieren.

FÜR VEGETARIER

RÖMERSALAT MIT SCHAFSKÄSE, TOMATEN UND AVOCADO

Salat waschen, trocken schütteln und in mundgerechte Stücke zupfen. Zwiebel schälen und fein hacken. Tomaten waschen und in feine Scheiben schneiden. Avocado halbieren, Kern und Schale entfernen und Fruchtfleisch in ganz kleine Stücke schneiden. Die vorbereiteten Zutaten in eine Schüssel geben, Limettensaft, den zerkleinerten Käse und die Oliven dazugeben und locker vermengen. Zum Schluss Joghurt und Öl darübergeben, alles gut vermischen. Salat mit Salz und Pfeffer abschmecken.

ZUTATEN

- 2 Römersalatherzen
- 1 kleine Zwiebel
- 1 Handvoll kleine Strauchtomaten
- ½ reife Avocado
- 1 TL Limettensaft
- 20 g Schafskäse
- 2 EL schwarze Oliven (entkernt)
- 4 EL Joghurt (1,5 % Fett)
- 1 TL Öl
- Salz
- Pfeffer

TAG 21

PAK-CHOI-TOFU-PFANNE

MAHLZEIT 2

ZUTATEN

- Pak Choi „all you can eat"
- 1 Handvoll Kirschtomaten
- 1 Knoblauchzehe
- 1 cm Ingwer
- 1 Frühlingszwiebel
- 150 g geräucherter Tofu
- Salz
- 1 TL Sesamöl
- 1 EL Sojasauce
- Pfeffer
- etwas Paprikapulver

Pak Choi putzen, waschen, trocken schütteln und grob zerkleinern. Kirschtomaten waschen und halbieren. Knoblauch und Ingwer schälen und fein hacken. Frühlingszwiebel putzen, waschen und fein hacken. Tofu in kleine Stücke schneiden und leicht salzen.
Sesamöl in einer beschichteten Pfanne erhitzen, Knoblauch, Ingwer und Frühlingszwiebel leicht anbraten. Den Herd etwas höher stellen und die Tofustücke mit in die Pfanne geben und gut anbraten, bis der Tofu goldbraun ist. Danach Hitze reduzieren und die Sojasauce in die Pfanne geben und etwas einkochen. Anschließend die Tomatenstücke und den Pak Choi in die Pfanne geben und 4–6 Minuten garen. Danach alles gut durchrühren und mit Salz, Pfeffer und Paprikapulver abschmecken.

Tipp: Pak Choi, auch Pak Choy, Pok Choi, Bok Coi, Bok Choy, ist ein grünes Gemüse, das vom Aussehen her an Mangold erinnert. Er ist ein naher Verwandter des Chinakohls. Er wird nur ganz kurz blanchiert und hat einen leicht senfartigen, aromatischen Geschmack, der stark an die hellen Blätter des Blumenkohls erinnert.
Wer Tofu nicht mag, kann auch Fleisch verwenden, zum Beispiel Hähnchen, mageres Hackfleisch oder auch Garnelen.

ERFOLGSGESCHICHTE

MANUELA D.

ALTER: 34 JAHRE
WOHNORT: ELSDORF
BERUF: MANAGERIN IN EINEM FAST-FOOD-UNTERNEHMEN

Wie bist du auf das BBC aufmerksam geworden?
Durch Facebook.

Welche Gründe hattest du, mit dem BBC zu starten?
Ich wollte nicht nur eine Diät machen, sondern meine Ernährung ändern und somit auch mein Leben.

Was unterscheidet das BBC von anderen Abnehmprogrammen?
Der Unterschied ist, dass das keine Diät ist, sondern eine lebenslange Umstellung, ohne zu hungern.

Was ist dir besonders schwergefallen?
Tag 0 war schon hart. Ich habe aber an diesem Tag viel Zeit draußen mit meinem Neffen verbracht, und das hat mich schön abgelenkt.

Was gefällt dir am besten?
Das Beste sind die DVD mit Silke und die Facebook-Gruppe, diese pusht einen immer weiter.

Was hat sich in deinem Leben geändert?
Ich bin selbstbewusster geworden und traue mir langsam immer mehr zu.

Welche Erkenntnisse nimmst du mit?
Dass jede Hürde zu schaffen ist, wenn man nur am Ball bleibt.

Mit welchen Argumenten könntest du eine Freundin fürs BBC gewinnen?
Ich würde ihr sagen: „Rom wurde auch nicht an einem Tag erbaut und du bist im BBC nicht allein, ich werde helfen und mir die Zeit für dich nehmen, bis du es einigermaßen verstanden hast und drin bist."

Wie hast du dich nach einem Durchhänger wieder auf die richtige Spur gebracht?
Mein Tipp: kleine Ziele im Bereich Sport und Ernährung setzen. Ich nehme seit meiner Gewichtsabnahme an Laufevents teil, und das hält meine Motivation oben. Zu sehen, dass ich nicht nur abgenommen habe, sondern enorm fit geworden bin, ist mir mittlerweile wichtiger als die Zahl auf der Waage.

Ist das BBC auch familien- und partnertauglich?
Ja, auf jeden Fall.

Wie hat dich dein Umfeld unterstützt?
Meine Mutter ist jetzt auch infiziert und findet es toll. Sie kommt sehr gut damit klar.
Ansonsten war ich mehr oder weniger auf mich selbst gestellt. Ich versuche, mich nicht beeinflussen zu lassen. Das ist nicht immer einfach. Die Arbeit in der Gastronomie schmeißt mich hin und wieder zurück, dann kämpfe ich noch etwas härter. Manchmal habe ich das Gefühl, dass die Kollegen eifersüchtig sind und mich extra zum falschen Essen verleiten.

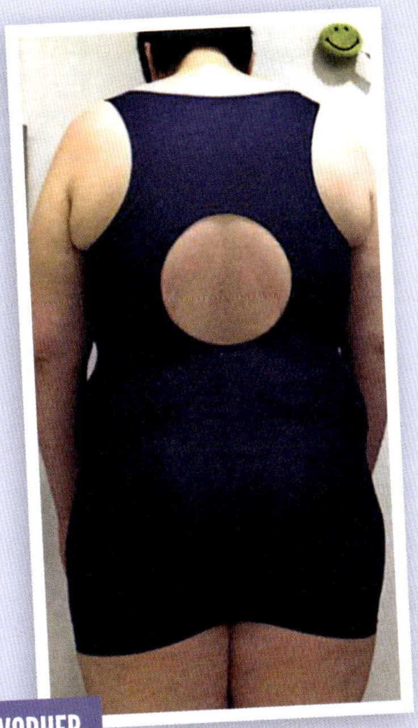

VORHER

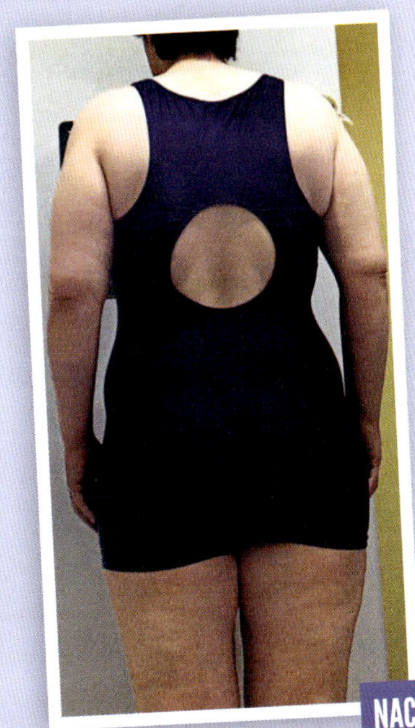

NACHHER

ERGEBNISSE

NACH 21 TAGEN:

Gewicht: –6,8 kg
Umfang Bauch: –9 cm
Umfang Oberschenkel: –6 cm
Kleidergröße: von 48/50 auf 44/46

Welche Tipps würdest du BBC-Einsteigern geben?
Immer vor Augen halten, dass du es für dich machst und nicht für irgendjemand anderen. Ich glaube, ich würde es erst mal niemandem erzählen, sondern einfach mein Ding machen. Dann geht man vielen Problemen aus dem Weg, die den Anfang schwer machen.

ERFOLGSGESCHICHTE

REGINA S.

ALTER: 51 JAHRE
WOHNORT: HAMBURG
BERUF: SOZIAL TÄTIG

Wie bist du auf das BBC aufmerksam geworden?
Durch eine sehr gute Freundin, die selbst mit BBC angefangen hatte, wurde ich aufmerksam. Sie nahm mich in die Facebook-Gruppe auf und ich las erst mal mit. Durch die vielen positiven Posts wurde ich animiert, das auch zu versuchen.

Welche Gründe hattest du, mit dem BBC zu starten?
Ich wollte wieder fitter werden und vor allem meinen Bauchumfang und auch mein Gewicht reduzieren.

Was unterscheidet das BBC von anderen Abnehmprogrammen?
Beim BBC darf ich sehr viel essen, was bei den anderen Programmen leider nicht so ist. Das Einzige, was ich bei BBC weglasse, ist Zucker und Alkohol. Bei vielen anderen Programmen kommt leider auch immer der Jo-Jo-Effekt, hier nicht.

Was ist dir besonders schwergefallen?
Der Anfang mit dem Sport war sehr schwer, aber nach dem ersten Wiegetag wurde es immer leichter, da ich den Erfolg sah und merkte, wie sich die Maße und die Kilos reduzierten.

Was gefällt dir am besten?
Der Aufbau und die Beschreibungen im BBC-Buch sind sehr gut. Die Gerichte sind sehr reichlich, einfach und ohne viel Aufwand zuzubereiten. Sie schmecken sehr gut, lassen sich bestens am Vortag vorbereiten. Dann kann ich sie auch mit in die Arbeit nehmen. Die Motivation durch Silke und Heiner und die Facebook-Gruppe sind einfach super. Man ist beim BBC nie allein, man fühlt sich wie in einer großen Familie, sofort aufgenommen und verstanden.

Was hat sich in deinem Leben geändert?
Ich lebe seit dem BBC gesünder und achte sehr auf meine Ernährung. Ich fühle mich seitdem in meinem Körper wieder wohler und auch fitter. Noch nie vorher hatte ich so viel Sport in meinen Tagesablauf eingebaut. Ich finde es einfach nur toll.

Welche Erkenntnisse nimmst du mit?
Gesunde Ernährung macht sehr viel Spaß, auch das Kochen habe ich wieder für mich entdeckt. Es schmeckt alles sehr gut. Als ehemaliger Sportmuffel habe ich sogar Spaß daran gefunden. Ich kann mir keinen Tag mehr ohne Sport vorstellen. Mindestens zweimal pro Tag muss ich eine halbe Stunde Sport machen.

Mit welchen Argumenten könntest du eine Freundin fürs BBC gewinnen?
Du musst nicht hungern. Es funktioniert zu 100 Prozent. Die Rezepte sind ganz einfach und unkompliziert.

Wie hast du dich nach einem Durchhänger wieder auf die richtige Spur gebracht?
Bei Heißhunger auf Süßes habe ich mir mein Bild von dem ersten Wiegetag (Tag 0) angesehen. Diesen Bauch wollte ich

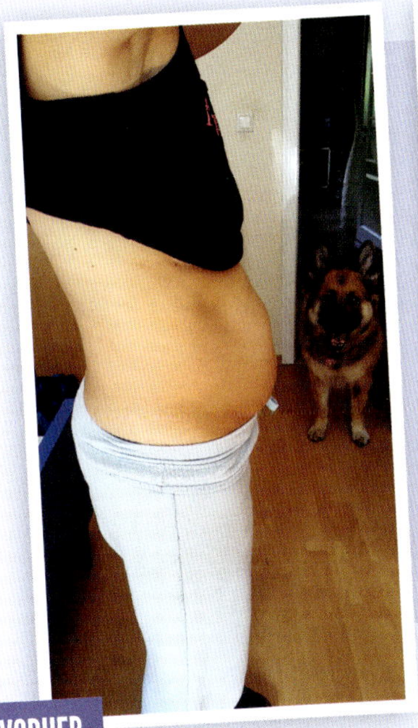

VORHER

NACHHER

ERGEBNISSE

NACH 21 TAGEN:

Gewicht: –4,1 kg
Umfang Bauch: –9 cm
Umfang Oberschenkel: –7 cm
Kleidergröße: von 42 auf 38

weghaben, denn immer wieder wurde ich darauf angesprochen. Manche fragten mich, ob ich in meinem Alter noch schwanger wäre. Das half mir, meine Motivation wiederzufinden. Anstatt etwas Süßes zu essen, habe ich mal eine Handvoll Obst oder auch einige Mandeln genascht. Dann war ich stolz auf mich, dass ich diese Hürde überwunden hatte.

Ist das BBC auch familien- und partnertauglich?

Auf jeden Fall. Mein Lebensgefährte hat auch mitgegessen, obwohl er nicht abnehmen wollte. Ich machte ihm zu einigen Gerichten einfach noch eine andere Beilage dazu und so fiel ihm das gar nicht erst auf. Er aß die ganze Zeit mit nach BBC-Plan und merkte es nicht.

Wie hat dich dein Umfeld unterstützt?

Meine Freundin unterstützte mich sehr, wir haben immer zusammen Sport gemacht und tun das noch heute. Freunde, Familie und auch mein Lebensgefährte sind sehr stolz auf mich, dass ich in so kurzer Zeit eine so tolle Abnahme geschafft habe. Am Anfang hat keiner geglaubt, dass ich das durchziehen würde.

Welche Tipps würdest du BBC-Einsteigern geben?

Jeder kann es schaffen! Sollte der Sport am Anfang nicht gleich machbar sein, nicht aufgeben. Auf jeden Fall die Ernährung nach dem Buch über die 21 Tage gestalten und dranbleiben. Der Sport fällt von Mal zu Mal leichter.

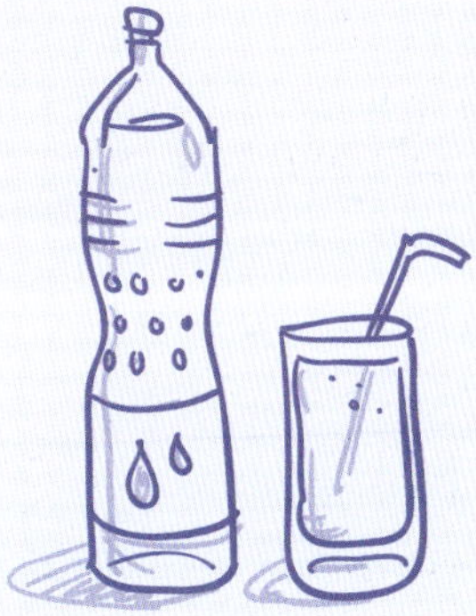

ERFOLGSGESCHICHTE

CHRISTINA W.

ALTER: 26 JAHRE
WOHNORT: ALZENAU/HÖRSTEIN
BERUF: GELERNTE EINZELHANDELSKAUFFRAU

Wie bist du auf das BBC aufmerksam geworden?
Das war eigentlich ein Zufall bzw. ich glaube eher, es war Schicksal. Ich bin über Facebook darauf aufmerksam geworden.

Welche Gründe hattest du, mit dem BBC zu starten?
Ich wollte endlich etwas verändern, an mir und meinem Leben, und mich wieder wohl in meiner Haut fühlen.

Was unterscheidet das BBC von anderen Abnehmprogrammen?
Es ist keine Diät, die Rezepte sind sehr lecker und einfach und es ist auch nicht nur eine Ernährungsumstellung, sondern bringt einem den Sport wieder näher. Eigentlich ist es ein Lebenskonzept.

Was gefällt dir am besten?
Die Gruppe bei Facebook. Dort hat man Gleichgesinnte und man wird motiviert und hat die Möglichkeit, andere mit seiner eigenen Geschichte zu motivieren.

Was hat sich in deinem Leben geändert?
Mein Körper hat sich komplett neu definiert, mein ganzes Auftreten hat sich verändert. Mein Selbstbewusstsein zeigt sich wieder und die so lang ersehnte Lebensfreude ist zurückgekehrt.

Welche Erkenntnisse nimmst du mit?
Dass es etwas gibt, womit ich es endlich geschafft habe, und dass man nie aufgeben darf, an sich glauben soll und auch ohne Zweifel Hilfe annimmt.

Mit welchen Argumenten könntest du eine Freundin fürs BBC gewinnen?
Es funktioniert. Es macht Spaß. Man nimmt nicht nur ab, der Körper verändert sich.

Wie hast du dich nach einem Durchhänger wieder auf die richtige Spur gebracht?
Die Facebook-Gruppe hat mich immer wieder aufgemuntert und motiviert. Schau nicht immer auf das Ergebnis auf der Waage. Wenn es mal nicht so gut ist, was immer mal vorkommt, kontrolliere deinen Umfang und mach Bilder und schau, was sich tatsächlich verändert hat.

Welche Tipps würdest du BBC-Einsteigern geben?
Gebt dem BBC eine Chance. Entscheidet euch dazu, etwas ändern zu wollen, schließt euch der Facebook-Gruppe an und legt los.

ERGEBNISSE

NACH 21 TAGEN:

Gewicht: –9,3 kg
Umfang Bauch: –7,5 cm
Umfang Oberschenkel: –14 cm

NACH 42 TAGEN:

Gewicht: –15,3 kg
Umfang Bauch: –16,5 cm
Umfang Oberschenkel: –16 cm

NACH 91 TAGEN:

Gewicht: –17,3 kg
Umfang Bauch: –17,5 cm
Umfang Oberschenkel: –16 cm
Kleidergröße: von 40 auf eine locker sitzende 38

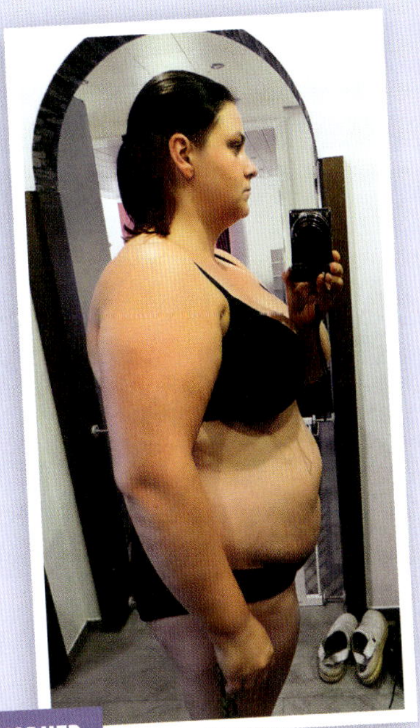

VORHER

NACHHER

ERFOLGSGESCHICHTE

SANDRA G.

ALTER: 45 JAHRE
WOHNORT: GELSENKIRCHEN
BERUF: HAUSFRAU/ AUSHILFE

Wie bist du auf das BBC aufmerksam geworden?
Ich folge Silke auf Facebook. Ich kannte sie aus den Sendungen *Besser Essen* und *The Biggest Loser* und fand sie schon immer klasse.

Welche Gründe hattest du, mit dem BBC zu starten?
Hauptgrund war meine Diagnose Diabetes Typ 2 im Juni 2015. Aber auch, weil ich mich endlich wieder wohl in meiner Haut fühlen wollte.

Was unterscheidet das BBC von anderen Abnehmprogrammen?
Ich weiß nicht, warum, ob es am Sport liegt oder an den tollen Rezepten, aber eins weiß ich sicher: Es hat noch kein anderes Programm so angeschlagen bei mir. Das BBC ist das erste mit diesem Erfolg. Ich habe vorher schon mit anderen bekannten Programmen abgenommen, aber das Gewicht schnell wieder draufgehabt. Beim BBC verzichten wir ja auf jeglichen Zucker und ich glaube, das ist der Grund. Seitdem ich das alles nicht mehr esse, geht es mir viel besser. Und das seit über 70 Tagen. Ich vermisse einfach nichts. Die Rezepte sind lecker und machen pappsatt.

Was ist dir besonders schwergefallen?
Um ehrlich zu sein, mir ist gar nichts schwergefallen. Vom ersten Tag an hat alles super geklappt. Mir tat der Verzicht auf meine geliebte Schokolade oder Cola gar nicht weh. Ich bin jetzt über zehn Wochen dabei und habe kein Verlangen danach.

Was gefällt dir am besten?
Mir gefällt alles am BBC. Es ist einfach, vom Anfang bis zum Ende durchzuhalten.

Was hat sich in deinem Leben geändert?
Mein Leben hat sich radikal verändert. Ich bin viel fitter. Aber das Wichtigste sind meine Blutwerte. Mein hb1a-Wert ist von über acht auf normal zurückgegangen (und zwar auf 5,7). Meine Ärztin ist total begeistert. Mein Insulin für nachts konnte ich von 16 Einheiten auf 8 reduzieren. Und bald kann es vielleicht ganz weg sein. Dann nur noch Tabletten. Meine Ärztin meinte, dass es auch sein kann, dass ich die irgendwann ganz weglassen kann. Das ist BBC für mich. Außerdem bin ich sportsüchtig geworden. Vor allem habe ich das Boxen bei Silke und Heiner entdeckt. Ich bin so dankbar, dass ich die Möglichkeit habe, mit Silke persönlich zu trainieren. Leider schaffe ich es zeitlich nur zweimal die Woche. Ich würde am liebsten jeden Tag trainieren. Ich fühle mich danach immer so gut. Und dafür nehme ich auch gern zwei Stunden Fahrtzeit mit dem Bus in Kauf. Ich weiß, das mache ich nur für mich und für niemand anderen.

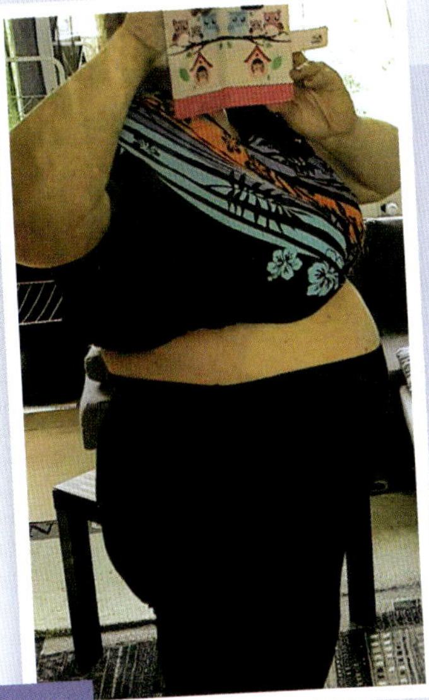

VORHER

NACHHER

ERGEBNISSE

NACH 69 TAGEN:

Gewicht: –15,7 kg
Umfang Bauch: –18 cm
Umfang Oberschenkel: –12 cm
Kleidergröße: von 52/54 auf 44/46

Welche Erkenntnisse nimmst du mit?
BBC ist das Beste, was mir je passiert ist. Das Buch ist mein Heiligtum. Meine Bibel, sagt mein Mann immer im Scherz. Meine Bibel nehme ich auch mit in den Urlaub und dann wird auch im Urlaub danach gegessen.

Mit welchen Argumenten könntest du eine Freundin fürs BBC gewinnen?
Ich habe meine Freundin damit angesteckt und auch andere sind durch mich darauf aufmerksam geworden. Sie haben gesehen, dass ich gesünder esse, fitter und einfach fröhlicher bin.

Wie hast du dich nach einem Durchhänger wieder auf die richtige Spur gebracht?
Wichtig ist, sich der Facebook-Gruppe anzuschließen. Hier wird man immer wieder von Silke, Heiner und anderen Mitstreitern aufgefangen und motiviert. Dort hole ich mir meine Motivation. Auch die Vorher-nachher-Fotos der anderen oder der Zuspruch bezüglich meiner Bilder helfen ungemein. Und immer wieder holt mich Silke auf die richtige Spur, auch ohne, dass ich bei ihr bin. Ich schaue einfach auf das Buch, sehe das Bild von Silke und schon weiß ich wieder, warum ich das alles mache.

Ist das BBC auch familien- und partnertauglich?
Auf jeden Fall.

Wie hat dich dein Umfeld unterstützt?
Mein Umfeld ist spitze, sie unterstützen mich in allem. Mein Mann und meine Tochter gehen regelmäßig mit mir ins Fitnessstudio. Falls ich es abends nicht schaffe zu kochen, kocht mein Mann für mich aus dem Buch. Meine Kinder essen ihre Süßigkeiten nicht direkt vor meiner Nase.

Welche Tipps würdest du BBC-Einsteigern geben?
Lasst euch einfach auf das Experiment BBC ein. Es lohnt sich wirklich. Einfach mal über den Schatten springen und alles auf sich wirken lassen.

MAHLZEIT 3 FÜR 21 TAGE

TAG 1

MAHLZEIT 3

LINSENSALAT MIT FENCHELGEMÜSE

ZUTATEN

- 70 g rote Linsen
- 2 Möhren
- 1 kleine Frühlingszwiebel
- 1 Knolle Fenchel
- 2 Stängel Petersilie
- 1 Knoblauchzehe
- 200 ml Gemüsebrühe
- 1 TL Öl
- 1,5 TL Weißweinessig
- Salz
- Pfeffer aus der Mühle

Die Linsen in einem Topf mit Wasser nach Packungsanweisung weich garen. Die Möhren putzen, schälen und in Scheiben schneiden. Frühlingszwiebel und Fenchel putzen und waschen. Fenchel in feine Streifen und Frühlingszwiebel in Ringe schneiden. Die Petersilie waschen, trocken schütteln und fein hacken. Den Knoblauch schälen und pressen.
In einer Schüssel Möhren, Fenchel, Frühlingszwiebel, Knoblauch und Petersilie vermengen. Die Linsen durch ein Sieb abgießen und mit Gemüsebrühe, Öl, Essig und dem Gemüse vermischen. Vor dem Servieren mit Salz und Pfeffer abschmecken.

Tipp: Dieser Linsensalat lässt sich gut am Abend zuvor vorbereiten. Zugedeckt über Nacht hat er etwas mehr Zeit zum Ziehen.

TAG 2

MAHLZEIT 3

ROTE PAPRIKASUPPE MIT SCHAFSKÄSE

Die Paprikaschoten und die Tomaten putzen, waschen und klein würfeln. Zwiebel und Knoblauch schälen und fein würfeln. Petersilie waschen, trocken schütteln und hacken.
Öl in einem Topf erhitzen. Zwiebel und Knoblauch darin bei schwacher Hitze glasig dünsten. Paprika- und Tomatenstücke dazugeben und die Brühe dazugießen. Ca. 20 Minuten bei schwacher Hitze köcheln lassen.
In der Zwischenzeit den Schafskäse sehr klein würfeln.
Den Topf vom Herd nehmen und die Suppe mit einem Stabmixer pürieren. Kurkuma und Chiliflocken dazugeben, mit Salz und Pfeffer abschmecken. Die Suppe in einen Teller füllen und Schafskäse und Petersilie daraufgeben.

ZUTATEN

- 2 rote Paprika
- 2 kleine Tomaten
- 1 kleine Zwiebel
- 1 Knoblauchzehe
- 2 Stängel Petersilie
- 1 TL Öl
- 200 ml Gemüsebrühe
- 70 g Schafskäse
- etwas Kurkuma
- 1 Messerspitze Chiliflocken
- Salz
- Pfeffer

TAG 3

MAHLZEIT 3

GEFÜLLTE AUBERGINEN MIT HACKFLEISCH

ZUTATEN

- 1 große Aubergine
- 1 Paprika
- 1 Tomate
- 1 Zwiebel
- 1 Knoblauchzehe
- 2 Stängel Basilikum
- 1 TL Öl
- 200 g Tatar oder Rinderhackfleisch
- Salz
- Pfeffer
- ½ TL Gemüsebrühe (Pulver)

Backofen auf 200 °C vorheizen.
Aubergine putzen, waschen, längs halbieren und vorsichtig aushöhlen. Fruchtfleisch fein hacken. Paprika und Tomate putzen, waschen und fein würfeln. Zwiebel und Knoblauch schälen und sehr fein hacken. Basilikum waschen, trocken schütteln und Blätter hacken.
Öl in einer beschichteten Pfanne erhitzen, Zwiebel und Knoblauch darin andünsten, Auberginen-Fruchtfleisch, Paprika und Tomate zugeben und ebenfalls andünsten. Danach Tatar dazugeben und bei stärkerer Hitze etwas anbraten, danach mit Salz und Pfeffer abschmecken.
Die Auberginenhälften in eine Auflaufform legen. Gemüsebrühpulver mit 2 EL Wasser anrühren, in die Auflaufform geben. Auberginen mit der Hackfleischmischung füllen und im vorgeheizten Backofen ca. 25–30 Minuten garen lassen. Danach auf einem Teller anrichten, mit den gehackten Basilikumblättern dekorieren und servieren.

Für Vegetarier: Vegetarier nehmen statt Tatar 200 g Hackfleischersatz. Hier eignet sich Tofu ganz gut. Einfach Tofu mit den Händen zerkrümeln und dann genauso wie Tatar verarbeiten.

TAG 4

BOHNEN-SCHAFSKÄSE-RÜHREI

MAHLZEIT 3

ZUTATEN

- 1 Frühlingszwiebel
- 1 Handvoll breite grüne Bohnen
- 50 g Schafskäse
- 1 TL Öl
- Salz
- Pfeffer
- etwas getrockneter Oregano
- 2 Eier

Die Zwiebel putzen, waschen und klein schneiden. Bohnen putzen, waschen und in breite Stücke schneiden. Schafskäse zerbröseln.
½ TL Öl in eine Pfanne geben und die Bohnenstücke unter ständigem Wenden kurz anbraten, mit Salz und Pfeffer würzen. Frühlingszwiebel und Oregano dazugeben und kurz mitbraten. Alles aus der Pfanne nehmen, in einer Schüssel beiseitestellen. Eier in einer Schüssel verrühren, salzen. Das restliche Öl in die Pfanne geben, Ei hineingeben und stocken lassen. Nach 2 Minuten das Bohnengemüse und den Schafskäse auf der Eimasse verteilen und ca. 1 Minute garen lassen. Dann Rührei auf einem Teller servieren.

TAG 5

GURKEN-MELONE-WEINTRAUBEN-SALAT

ZUTATEN

- 1 kleine Salatgurke
- ½ Honigmelone
- 1 Handvoll grüne kernlose Weintrauben
- 1 Stängel Minze
- 50 g Joghurt (1,5 % Fett)
- 1 TL Zitronensaft
- 1 TL Öl
- etwas gemahlener Kreuzkümmel
- etwas getrockneter Koriander
- Salz
- Pfeffer

Gurke schälen, vierteln und in kleine Stücke schneiden. Die Melone halbieren, Kerne mit einem Esslöffel entfernen und das Fruchtfleisch mit einem Kugelausstecher herausheben. Da die Melonenschale als Servierschale verwendet wird, bitte einen kleinen Rand Fruchtfleisch in der Schale übrig lassen. Weintrauben waschen und vierteln.
Minze waschen, trocken schütteln und Blätter fein hacken.
In einer Schüssel Joghurt, Minze, Zitronensaft und Öl vermengen und mit etwas Kreuzkümmel, Koriander, Salz und Pfeffer würzen. Melone, Weintrauben und Gurke dazugeben und vorsichtig mischen. Salat in der Melonenhälfte anrichten und servieren.

TAG 6

PAPRIKA-TOMATEN-OMELETT

MAHLZEIT 3

Spitzpaprika und Tomaten waschen, putzen und in kleine Stücke schneiden. Zwiebel schälen und klein würfeln. Liebstöckel waschen, trocken schütteln und grob hacken. Schafskäse in kleine Würfel schneiden. Ei und Milch in einer Schüssel verquirlen, mit Salz und Pfeffer würzen und Schafskäse unterrühren.
Das Öl in einer beschichteten Pfanne erhitzen und Paprika, Tomaten und Zwiebel kurz anbraten. Dann die Eimischung darübergießen. Bei schwacher Hitze stocken lassen. Das Omelett auf einem Teller anrichten und mit Liebstöckel bestreuen.

Tipp: Wer kein Freund von Liebstöckel (auch Maggikraut genannt) ist, kann auch Petersilie nehmen. Und wer gerne 2 Eier verwenden möchte, verzichtet dafür auf den Käse.

ZUTATEN

- 1 rote Spitzpaprika
- 2 Tomaten
- 1 Zwiebel
- 1 Stängel Liebstöckel
- 25 g Schafskäse
- 1 Ei
- 2 EL Milch (1,5 % Fett)
- Salz
- Pfeffer
- 1 TL Öl

TAG 7

MAHLZEIT 3

SCHNELLER LINSEN-CURRY-SALAT

X Tag 9

Gemüsebrühe in einem Topf erhitzen und Linsen laut Packungsangabe darin weich kochen, dann durch ein Sieb abgießen und beiseitestellen.
In der Zwischenzeit die Möhren putzen und mit einer Reibe raspeln. Zwiebel schälen und fein hacken. Koriander und Schnittlauch waschen, trocken schütteln und fein hacken.
Öl in einem Topf erhitzen und Zwiebel und Möhren darin anschwitzen. Danach den Topf vom Herd nehmen, die Linsen und das Currypulver dazugeben und vorsichtig verrühren. Mit Orangensaft, Zitronensaft, Salz und Pfeffer würzen und Salat abkühlen lassen. Vor dem Servieren Koriander und Schnittlauch unter den Salat mischen.

Tipp: Dank der Linsen ist dies ein sehr sättigender Salat. Er eignet sich bestens zum Vorbereiten und Mitnehmen ins Büro.

ZUTATEN

- 200 ml Gemüsebrühe
- 70 g Linsen
- 2 Möhren
- 1 Zwiebel
- 1 Stängel Koriander
- ½ Bund frischer Schnittlauch
- 1 TL Öl
- ½ TL Currypulver
- 1 EL Orangensaft
- 1 TL Zitronensaft
- Salz
- Pfeffer

BLUMENKOHL-ERBSEN-SALAT

TAG 8

MAHLZEIT 3

Den Blumenkohl putzen, waschen und grob mit der Reibe reiben. Die Erbsen in einem Topf mit kochendem Salzwasser ca. 2 Minuten garen. Danach den Blumenkohl dazugeben und mitgaren. Wenn der Blumenkohl weich, aber noch bissfest ist, alles durch ein Sieb abgießen, mit kaltem Wasser kurz abschrecken, abtropfen und abkühlen lassen. Babysalatmix waschen, trocken schütteln. Die Sonnenblumenkerne kurz in einer beschichteten Pfanne ohne Fett leicht anrösten, herausnehmen und abkühlen lassen. Kräuter waschen, trocken schütteln und hacken. Limettensaft, Öl, Agavendicksaft, Salz, Pfeffer und die Kräuter in eine Schüssel geben und gut verrühren. Salatmix, Blumenkohl und Erbsen in die Schüssel geben, alles gut vermischen und mit Salz und Pfeffer abschmecken. Den Salat auf einem Teller anrichten und mit den Sonnenblumenkernen bestreut servieren.

ZUTATEN

- 1 kleiner Blumenkohl
- 50 g Erbsen (TK)
- Salz
- Babysalatmix „all you can eat"
- 1TL Sonnenblumenkerne
- 2 Stängel Basilikum
- 2 Stängel Petersilie
- 2 EL Limettensaft
- 1 TL Öl
- 1 TL Agavendicksaft
- Pfeffer aus der Mühle

TAG 9

MAHLZEIT 3

RÖLLCHEN AUS LACHS MIT FRISCHKÄSE

ZUTATEN

- Rucola „all you can eat“
- 1 Bund Dill
- 100 g Frischkäse (fettarm)
- 1 TL Sahnemeerrettich
- 1 TL Zitronensaft
- Salz
- Pfeffer
- 100 g geräucherter Lachs (in Scheiben)
- 2–3 Scheiben einer Bio-Zitrone

Rucola und Dill waschen, trocken schütteln und Dill fein hacken. Frischkäse, Sahnemeerrettich, Zitronensaft und Dill in einer Schüssel miteinander vermengen und mit Salz und Pfeffer abschmecken.
Die Lachsscheiben einzeln auf ein Brettchen legen, mit der Frischkäsemasse bestreichen und zusammenrollen. Gut festdrücken und in Scheiben schneiden (ca. 2–3 cm dick).
Zitrone waschen und einige dünne Scheiben abschneiden. Rucola auf dem Teller anrichten und die Röllchen mit den Zitronenscheiben garniert darauflegen.

FÜR VEGETARIER

BLUMENKOHL-CURRY

Blumenkohl putzen, waschen und in kleine Stücke schneiden. Tomaten waschen und vierteln. Die Zwiebel und den Knoblauch schälen, fein hacken. Das Öl in einem Topf erhitzen und Zwiebeln und Knoblauch darin glasig dünsten. Blumenkohl und Currypulver dazugeben und 2–4 Minuten dünsten. Danach mit Gemüsebrühe ablöschen und die Tomaten in den Topf geben. Mit Salz würzen und zugedeckt bei schwacher Hitze ca. 10 Minuten köcheln lassen. Mit Salz, Sesamöl und Cayennepfeffer abschmecken, servieren und genießen.

ZUTATEN

- ½ Blumenkohl
- 2 Handvoll Kirschtomaten
- 1 Zwiebel
- 1 Knoblauchzehe
- 1 TL Öl
- 1 TL Currypulver
- 30 ml Gemüsebrühe
- Salz
- ein paar Tropfen Sesamöl
- Cayennepfeffer

TAG 10

MAHLZEIT 3

GELBE PAPRIKASUPPE MIT OLIVEN

ZUTATEN

- 2 gelbe Paprika
- 1 kleine Zwiebel
- ½–1 Knoblauchzehe
- 1 TL Öl
- 200 ml Gemüsebrühe
- 1 Handvoll schwarze Oliven (entkernt)
- 20 g Schafskäse
- 2 Stängel Petersilie
- 2 TL Milch (1,5 % Fett)
- ½ TL Kurkuma
- Salz
- Pfeffer

Die Paprikas mit einem Sparschäler schälen, putzen und in kleine Würfel schneiden. Zwiebel und Knoblauch schälen und fein hacken.
Öl in einem Topf erhitzen. Knoblauch und Zwiebel darin bei mittlerer Hitze glasig dünsten. Die Paprikawürfel dazugeben und mit der Brühe aufgießen. Bei schwacher Hitze leicht köcheln lassen.
In der Zwischenzeit die Oliven halbieren und den Schafskäse würfeln. Die Petersilie waschen, trocken schütteln und grob hacken.
Die Suppe mit dem Pürierstab pürieren, Milch und Kurkuma einrühren und mit Salz und Pfeffer abschmecken. Die Suppe in eine Schüssel geben und mit Oliven, Schafskäse und Petersilie garniert servieren.

TAG 11

MAHLZEIT 3

LACHS AUF FRÜHLINGSZWIEBELN

ZUTATEN

- 2 Bund Frühlings-zwiebeln
- ½ Zitrone
- 150 g Lachsfilet
- 1 TL Öl
- Salz
- ½ TL Senfkörner
- 2 EL Gemüsebrühe
- Pfeffer

Die Frühlingszwiebeln putzen, waschen und in lange Stücke schneiden. Zitrone auspressen.
Lachsfilet in einer beschichteten Pfanne mit ½ TL Öl knusprig anbraten und von beiden Seiten salzen. Danach das Lachsfilet aus der Pfanne nehmen und auf einen Teller legen. Das restliche Öl in die Pfanne geben und die Senfkörner darin anrösten. Frühlingszwiebeln dazugeben und mit der Gemüsebrühe und dem Zitronensaft ablöschen, mit Pfeffer würzen und etwas einkochen lassen.
Das Gemüse auf einem Teller anrichten, den Lachs darauflegen und servieren.

Für Vegetarier: Vegetarier ersetzen den Lachs durch 150 g Tofu.

TAG 12

MAHLZEIT 3

PAPRIKA-AUBERGINEN-TATAR-EINTOPF

Zwiebel und Knoblauch schälen und fein hacken. Aubergine, Paprikas und Tomaten putzen, waschen und in kleine Stücke schneiden.
Öl in eine Pfanne geben und bei mittlerer Hitze Knoblauch und Zwiebel glasig dünsten. Danach Tatar in die Pfanne geben und gut durchbraten. Dann Tomaten-, Auberginen- und Paprikastücke zugeben und 2 Minuten mitdünsten. Mit Gemüsebrühe aufgießen, mit Salz und Pfeffer würzen und ca. 20 Minuten köcheln lassen.
Währenddessen Basilikum und Schnittlauch waschen, trocken schütteln und fein hacken. Kurz vor dem Servieren Basilikum und Schnittlauch unter das Tatar-Gemüse mischen und in einem tiefen Teller servieren.

ZUTATEN

- 1 Zwiebel
- 1 Knoblauchzehe
- 1 Aubergine
- 1 rote Paprika
- 1 gelbe Paprika
- 2 Handvoll Kirschtomaten
- 1 TL Öl
- 100 g Tatar oder Rinderhackfleisch
- 100 ml Gemüsebrühe
- Salz
- Pfeffer
- 2 Stängel Basilikum
- ½ Bund Schnittlauch

Für Vegetarier: Vegetarier ersetzen das Tatar durch 100 g Tofu oder Schafskäse.

TAG 13

BROKKOLI-BLUMENKOHL-SUPPE

MAHLZEIT 3

ZUTATEN

- ½ Brokkoli
- ½ Blumenkohl
- 1 Zwiebel
- 2 Knoblauchzehen
- 1 TL Öl
- 150 ml Gemüsebrühe
- Salz
- Pfeffer
- 2 EL Frischkäse (fettarm)
- 1 TL Sonnenblumenkerne

Brokkoli und Blumenkohl putzen, waschen und fein hacken. In einem Topf mit kochendem Wasser bissfest garen. In der Zwischenzeit Zwiebel und Knoblauch schälen, fein hacken und in einem Topf mit dem Öl glasig dünsten. Brokkoli und Blumenkohl durch ein Sieb abgießen, in den Topf mit dem Knoblauch und der Zwiebel geben, Gemüsebrühe zugießen und kurz erwärmen. Dann Topf vom Herd nehmen, Suppe etwas abkühlen lassen, mit dem Pürierstab pürieren und mit Salz und Pfeffer abschmecken. Ca. 10 Minuten bei kleiner Hitze köcheln lassen. Wenn die Suppe zu dick ist, noch etwas Gemüsebrühe dazugeben. Den Frischkäse einrühren und erwärmen. Suppe noch einmal mit Salz und Pfeffer abschmecken, in einen Teller füllen und Sonnenblumenkerne darüberstreuen.

Tipp: Wer möchte, kann die Gemüsebrühe auch durch Rinder- oder Hühnerbrühe ersetzen. Die Suppe kann auch nur mit Blumenkohl oder nur mit Brokkoli zubereitet werden. Wer keinen Knoblauch in der Suppe mag, kann ihn einfach weglassen.

TAG 14

MAHLZEIT 3

SCHNELLER UND BUNTER ROHKOSTSALAT

ZUTATEN

- ½ Rotkohl
- 2 Möhren
- 1 Brokkoli
- 1 Mango
- Salz
- Pfeffer
- 1 TL Öl
- 1–2 TL Limettensaft
- 1 EL Mandelsplitter

Rotkohl, Möhren und Brokkoli putzen und waschen. Rotkohl und Möhren raspeln und den Brokkoli sehr klein schneiden. Mango schälen, Fruchtfleisch vom Kern schneiden und klein schneiden. Die vorbereiteten Zutaten in eine große Schüssel geben und vermengen. Mit Salz, Pfeffer, Öl und Limettensaft würzen und ordentlich vermischen. Salat mit den Mandelsplittern garniert servieren.

Tipp: Wenn keine Mango zur Stelle ist, eignet sich auch ein Apfel oder eine Birne sehr gut.

TAG 15

MAHLZEIT 3

PAPRIKA GEFÜLLT MIT HÜTTENKÄSE

ZUTATEN

- 1 rote Paprika
- 1 gelbe oder grüne Paprika
- Radieschen „all you can eat"
- Kresse „all you can eat"
- 200 g Hüttenkäse
- 2 TL Joghurt (1,5 % Fett)
- Salz
- Pfeffer

Die Paprikas halbieren, putzen und waschen. Radieschen putzen, waschen und mit der Reibe reiben. Kresse waschen und trocken schütteln. Hüttenkäse, Joghurt, Kresse und Radieschen in eine Schüssel geben, alles gut verrühren und mit Salz und Pfeffer abschmecken. Masse in die Paprikahälften füllen, auf einem Teller anrichten und genießen.

TAG 16

MAHLZEIT 3

GEMÜSEEINTOPF

ZUTATEN

- 1 Zucchini
- 1 Tomate
- 1 rote Paprika
- 1 gelbe Paprika
- 1 Zwiebel
- 1 Knoblauchzehe
- 2 Stängel Basilikum
- 2 TL Öl
- 1 EL Tomatenmark
- 2 EL Tomatensaft
- 100 ml Gemüsebrühe
- Salz
- Pfeffer
- eine Prise Kräuter der Provence

Zucchini, Tomate und Paprikas putzen, waschen und in kleine Stücke schneiden. Zwiebel und Knoblauch schälen und fein würfeln. Basilikum waschen, trocken schütteln und hacken.
Öl in einem Topf erhitzen, Zwiebel und Knoblauch, Zucchini, Tomate und Paprika ein paar Minuten unter ständigem Rühren dünsten. Tomatenmark dazugeben und weiter leicht anbraten. Tomatensaft und Gemüsebrühe zugießen und aufkochen lassen. Eintopf mit Salz, Pfeffer und Kräutern der Provence würzen und bei kleiner Hitze ca. 10 Minuten garen lassen.
Den Topf vom Herd nehmen. Eintopf noch einmal mit Salz und Pfeffer abschmecken, in einen tiefen Teller füllen und mit Basilikum bestreut servieren.

SCHARFES LACHSFILET MIT KORIANDER

TAG 17

MAHLZEIT 3

Ingwer schälen und ganz fein hacken. Die Frühlingszwiebel putzen, waschen und ebenfalls fein hacken. Das Zitronengras von den äußeren holzigen Blättern befreien, waschen und sehr fein hacken. Koriander waschen, trocken schütteln und hacken.
Die Frühlingszwiebel in eine Schüssel geben und die Hälfte des Korianders sowie einen Spritzer Limettensaft untermischen, Schüssel zur Seite stellen.
Den restlichen Koriander mit Ingwer, Zitronengras, dem übrigen Limettensaft, der Chili- und der Fischsauce sowie dem Sesamöl in einer zweiten Schüssel vermischen und zur Seite stellen.
Den Lachs in die Koriander-Ingwer-Mischung einlegen und im Kühlschrank etwa 1 Stunde marinieren lassen.
Danach den Backofen auf niedrige Grilltemperatur (180 °C Oberhitze) einstellen. Öl in einen Bräter geben und gut verteilen. Den Lachs in den Bräter legen und ca. 10 Minuten im Backofen grillen. Herausnehmen und mit der Koriander-Frühlingszwiebel-Mischung auf einem Teller anrichten.

Mein Tipp: Alle Zutaten wie zum Beispiel die Fischsauce, das Zitronengras, das Sesamöl und die süße Chilisauce bekommst du im Asialaden oder über das Internet. Da diese Zutaten lange haltbar sind, lohnt sich die Anschaffung. Dieses Rezept werden alle lieben, die gern thailändisch essen gehen.

Für Vegetarier: Statt Lachs einfach Tofu verwenden, der sollte etwa 6 Stunden mariniert werden. Anstelle der Fischsauce empfiehlt sich Sojasauce.

ZUTATEN

- 1 cm Ingwer
- 1 kleine Frühlingszwiebel
- etwas Zitronengras
- 1 Stängel Koriander
- 2–3 TL Limettensaft
- 1 TL süße Chilisauce
- 1 TL thailändische Fischsauce
- ½ TL Sesamöl
- 100 g Lachs
- ½ TL Öl

TAG 18

MAHLZEIT 3

SCHARFER KICHERERBSENSALAT

Die Kichererbsen in ein Sieb schütten, mit fließendem Wasser abwaschen und abtropfen lassen. Koriander und Minze waschen, trocken schütteln und fein hacken.
Gurke und Tomaten waschen und in sehr kleine Stücke schneiden. Zwiebel schälen und in dünne Ringe schneiden. Knoblauch schälen und ganz fein hacken.
In einer Schüssel Öl, Knoblauch, Balsamico, Kreuzkümmelsamen, Chilipulver, Salz, Pfeffer, Minze und Koriander vermischen. Danach die Kichererbsen, Tomaten, Zwiebelringe und Gurke in die Schüssel geben und mit dem Dressing vermengen. Mit Salz und Pfeffer abschmecken und servieren.

ZUTATEN

- 100 g Kichererbsen (Abtropfgewicht)
- 1 Stängel Koriander
- 2 Stängel Minze
- 1 kleine Gurke
- 1 Handvoll Kirschtomaten
- 1 rote Zwiebel
- 1 Knoblauchzehe
- 1 TL Öl
- etwas weißer Balsamico
- 1 Prise Kreuzkümmelsamen
- 1 Prise Chilipulver
- Salz
- Pfeffer

TAG 19

MAHLZEIT 3

FIXE ZUCCHINISPAGHETTI AGLIO E OLIO

ZUTATEN

- 1 Knoblauchzehe
- 15 g Parmesan
- 2 Zucchinis
- 1 TL Öl
- 1 Ei
- 1 Prise Chiliflocken
- Salz
- Pfeffer

Knoblauch schälen und fein hacken. Den Parmesan reiben. Die Zucchinis putzen, waschen und mit einem Spiralschneider in Spaghettiform schneiden.
½ TL Öl in einer Pfanne erhitzen und das Ei darin aufschlagen und zum Spiegelei braten, anschließend aus der Pfanne nehmen und auf einem Teller beiseitestellen.

Restliches Öl in der Pfanne erhitzen und den Knoblauch, die Chiliflocken, Salz und Pfeffer ca. 2–3 Minuten erhitzen. Die Zucchinispaghetti in die Pfanne geben und kurz erhitzen, dabei gut mit den Gewürzen vermischen. Die Spaghetti auf einem Teller verteilen, das Spiegelei und den Parmesan darübergeben und servieren.

TAG 20

MAHLZEIT 3

SILKES CHILI-BOHNEN-EINTOPF

ZUTATEN

- 1 große Zwiebel
- 2 Tomaten
- ½ rote oder grüne Chilischote
- 1 TL Öl
- 100 g Tatar oder Rinderhackfleisch
- 250 g breite grüne Bohnen
- 250 ml Gemüsebrühe
- 1 TL Zitronensaft
- 2 TL Tomatenmark
- etwas Chilisauce
- Salz
- Pfeffer

Zwiebel schälen und fein hacken. Tomaten waschen, putzen und in kleine Stücke schneiden. Chilischote waschen, entkernen und in ganz feine Ringe schneiden.
Öl in einem Topf erhitzen. Zwiebel darin andünsten und danach Tatar dazugeben, ca. 5 Minuten anbraten. Die Bohnen schräg in rautenförmige Stücke schneiden. Tomaten und Bohnen dazugeben und kurz mitdünsten. Brühe zugießen, Zitronensaft, Tomatenmark und Chilisauce einrühren. Eintopf mit Salz und Pfeffer würzen, ca. 10 Minuten köcheln lassen. Zum Schluss noch die Chiliringe unterrühren und Eintopf servieren.

Tipps: Nach dem Schneiden der Chilischote gründlich die Hände waschen und nicht mit den Fingern in die Nähe der Augen kommen.
Statt der breiten können auch normale grüne Bohnen (frisch oder TK) verwendet werden.

Für Vegetarier: Vegetarier ersetzen das Tatar durch Tofu oder einen anderen vegetarischen Hackfleischersatz.

TAG 21

MAHLZEIT 3

SPINATSALAT MIT PFIRSICHEN UND SCHAFSKÄSE

ZUTATEN

- 1 Zwiebel
- 1 Pfirsich
- 1 Orange
- 2 Handvoll junger Spinat
- 1 rote Paprika
- 100 g Schafskäse
- 1 TL Öl
- 1 TL Zitronensaft
- 1 TL Joghurt (1,5 % Fett)
- Salz
- Pfeffer

Zwiebel schälen und fein hacken. Den Pfirsich waschen, entkernen und in Spalten schneiden. Die Orange schälen und in kleine Stücke schneiden. Spinat waschen und gut abtropfen lassen. Die Paprika putzen, waschen und in ganz feine Stücke schneiden. Schafskäse klein würfeln.
In einer Schüssel Öl, Zitronensaft, Joghurt, Salz und Pfeffer zu einem Dressing verrühren.
Zwiebel, Pfirsich, Orange, Paprika, Schafskäse und Spinat in die Schüssel geben und alles gut vermischen. Salat mit Salz und Pfeffer abschmecken und auf einem Teller anrichten.

ERFOLGSGESCHICHTE

JUDITH E.

ALTER: 34 JAHRE
WOHNORT: BREMEN
BERUF: KRANKENSCHWESTER

Was unterscheidet das BBC von anderen Abnehmprogrammen?
Dass man weder auf Obst noch Joghurt oder auch mal eine Kartoffel verzichten muss.
Man bekommt recht schnell den Dreh raus, was man essen darf, um abzunehmen, und was nicht. Sehr leicht vermittelt. Die Kombination mit den Workouts, aber auch das Krafttraining sind supergut und bestens umsetzbar. Man bekommt nicht nur eine Essensanleitung für die Tage, sondern auch eine Sportanleitung an die Hand. Das hilft einem auch nach dem BBC.

Was ist dir besonders schwergefallen?
Der Sport ist mir am schwersten gefallen, da ich vorher überhaupt keinen Sport gemacht habe. Die Motivation in der Gruppe und die DVD haben mir geholfen, das zu überwinden. Auch wenn ich am Anfang nicht alle Übungen geschafft habe, konnte ich sie für mich gut abwandeln. So können auch übergewichtige Menschen den Sport schaffen.

Was gefällt dir am besten?
Am besten gefallen hat mir die Vielfalt der Rezepte und auch die Workouts mit Silke. Die DVD hat mir geholfen, zum Sport zu finden.

Was hat sich in deinem Leben geändert?
Ich ernähre mich bewusster und sehr oft noch mit BBC-Rezepten. Ich treibe fast täglich Sport und habe richtig viel Spaß daran.

Welche Erkenntnisse nimmst du mit?
Ich kann auch mit starkem Übergewicht Sport machen und Spaß daran haben. Gesunde Ernährung ist einfach und nicht teuer. Ich habe wieder Lebensfreude, fange so ganz langsam an, mich und meinen Körper zu mögen. Das ist die wichtigste Erkenntnis, die ich aus dem BBC mitgenommen habe.

Mit welchen Argumenten könntest du eine Freundin fürs BBC gewinnen?
Es ist so einfach, mit der Anleitung der Coaches Silke und Heiner. Egal ob es das Essen oder der Sport ist. Im Buch wird ganz klar beschrieben, was deinem Körper guttut und was nicht.
Die Facebook-Gruppe hilft bei den Anfängen, Fragen und motiviert.

Wie hast du dich nach einem Durchhänger wieder auf die richtige Spur gebracht?
Die BBC-Facebook-Gruppe hat mir sehr geholfen.

Ist das BBC auch familien- und partnertauglich?
Ja, definitiv. Mein Mann hat komplett mitgemacht. Er hat sein Essen nur ergänzt, da er Läufer ist und bei langen Läufen etwas anderes essen muss. Meine Kinder haben bis auf wenige Gerichte auch alles mitgegessen. Ich habe oft die Gerichte für meine Familie mit Kartoffeln oder Nudeln erweitert. Ich musste aber nicht zwei oder drei verschiedene Gerichte kochen.
Auch beim Sport hatten und haben wir

ERGEBNISSE

NACH 21 TAGEN:

Gewicht: –4,1 kg
Umfang Bauch: –16 cm
Umfang Oberschenkel: –9 cm
Kleidergröße: von 50 auf 48

alle unseren Spaß. Die Kids machen mit, feuern mich an, erinnern mich daran („MAMA – hast du heute schon deinen Sport gemacht?!")
und auch mein Mann trainiert mit. Besonders am Wochenende machen wir daraus richtig Familiensport, auch mal draußen.

Wie hat dein Umfeld dich unterstützt und wie haben sie nach dem BBC auf dich reagiert?
Mein enges Umfeld (außerhalb meiner Familie) war skeptisch, hat mich aber machen lassen. Während und auch nach dem BBC waren alle erstaunt über das Ergebnis und besonders auch darüber, dass ich Sport mache. Walken und sogar das frühe Aufstehen haben mir nichts mehr ausgemacht. Jetzt sind sie total begeistert und freuen sich für mich.

Welche Tipps würdest du BBC-Einsteigern geben?
Nicht viel nachdenken, sondern einfach tun. Es ist weder teuer noch sonst was. Es macht Spaß und gibt viel, viel Lebensfreude zurück!

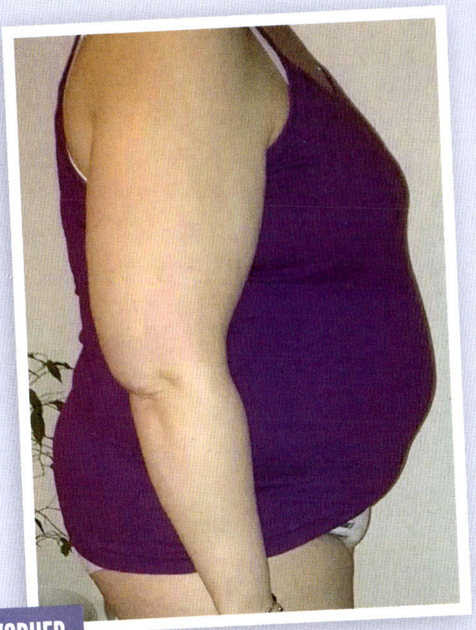

VORHER

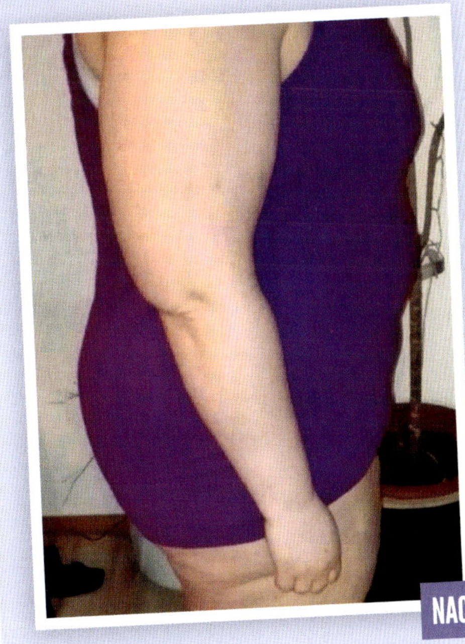

NACHHER

ERFOLGSGESCHICHTE
LESLIE W.

ALTER: 36 JAHRE
WOHNORT: ELSDORF
BERUF: RESTAURANT-FACHFRAU

Wie bist du auf das BBC aufmerksam geworden?
Ich habe Silke das erste Mal in der Sendung *The Biggest Loser* gesehen und daraufhin ihre Seite bei Facebook geliket. Im Frühjahr 2016 sah ich dann ihren Beitrag über das Bikini-Bootcamp. Bevor ich jedoch das Buch bestellte, wartete ich erst mal 22 Tage ab, um erste Ergebnisse zu erfahren. Was ich sah, überzeugte mich, ich bestellte das Buch und fing sofort an.

Welche Gründe hattest du, mit dem BBC zu starten?
Ich litt unter Übergewicht, habe Hashimoto (eine Autoimmunerkrankung der Schilddrüse) und einen Reizmagen und -darm.

Was unterscheidet das BBC von anderen Abnehmprogrammen?
Ich habe wie jede andere Teilnehmerin wahrscheinlich auch schon sehr, sehr viele Diäten bzw. Ernährungsumstellungen versucht. Meist mit sehr wenig Spaß und Genuss beim Essen.
Beim BBC finde ich es sehr gut, dass man einen vorgegeben Plan hat mit Gerichten, Rezepten, einem Sportprogramm und Krafttrainingsübungen. Ich persönlich brauche jemanden, der mich an die Hand nimmt und mir sagt, was ich zu tun habe. Das hat hier wunderbar funktioniert.
Ich habe viele neue Lebensmittel kennengelernt, die Portionen sind für eine Person berechnet und man wird IMMER satt und braucht nicht zu hungern. Beim BBC merkt man schon nach sehr kurzer Zeit eine Veränderung des Körpers, was einem Motivation verschafft. Man nimmt nicht nur Kilos ab, der Körper wird auch schön definiert und geformt.

Was ist dir besonders schwergefallen?
Ganz am Anfang fiel mir der Verzicht auf Kaffee sehr schwer. Kaffee ist nicht verboten, aber ich trinke meinen Kaffee immer mit viel Milch und Zucker.
Auch die Umstellung beim Frühstück war schwierig. Ich war es gewohnt, jeden Morgen Brötchen oder Brot zu essen, und das immer sehr süß, meistens mit Margarine und Erdbeermarmelade. Ich war der Meinung, ich würde sonst nicht durch den Tag kommen.

Was hat sich in deinem Leben geändert?
Ich gehe mittlerweile viel selbstbewusster und auch glücklicher durchs Leben, vor allem viel leichter. Sport ist mir sehr wichtig geworden, es geht auch mal ein Tag ohne Sport, aber dann werde ich schon kribbelig. Ich gehe bewusster mit Nahrungsmitteln um und kann auch Nein sagen, wenn andere mir Leckereien anbieten. Freunde und Bekannte sind aufrichtig begeistert und sagen es auch, zudem bekomme ich von überall her Komplimente (womit ich meistens noch gar nicht richtig umgehen kann). Es ist einfach ein wirklich lebenswertes Gefühl entstanden, wie ich es bestimmt schon seit zehn Jahren (Diagnose Hashimoto) nicht mehr hatte.

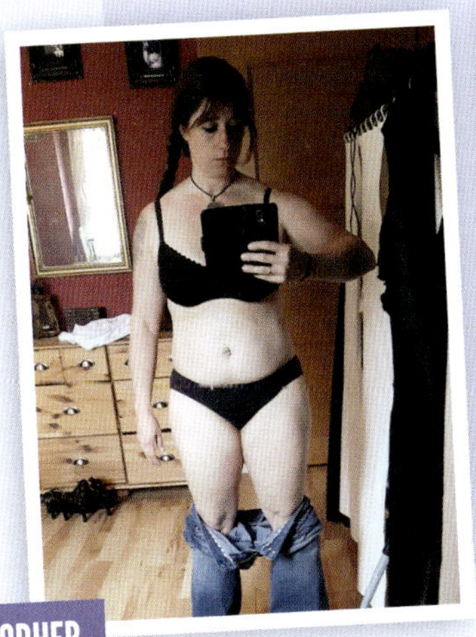

VORHER

NACHHER

ERGEBNISSE

NACH 42 TAGEN:

Gewicht: –9,6 kg
Umfang Bauch: –14 cm
Umfang Oberschenkel: –11,5 cm
Kleidergröße: von 42 auf 36/38

Wie hast du dich nach einem Durchhänger wieder auf die richtige Spur gebracht?

Wenn ich einen Durchhänger hatte (was zum Glück nur etwa zweimal vorkam), habe ich mir alte Fotos von mir angesehen, mir gesagt, dass ich so nicht mehr aussehen möchte. Und dass nur ich es bin, der an meiner Lage etwas ändern kann.
Da ich tanze (Bauchtanz und American Tribal Style Dance) und Auftritte habe, habe ich mir vorgestellt, wie schön es wäre, endlich einmal bauchfrei aufzutreten, ohne dass ich mich in Grund und Boden schäme oder mich hinterher über Fotos von mir ärgere, weil ich darauf einfach nur unmöglich aussehe.

Ist das BBC auch familien- und partnertauglich?

Meine Tochter ist, was Essen angeht, sehr mäkelig, daher habe ich für sie schon immer extra gekocht.
Was meinen Mann angeht – er hat einfach mitgegessen. Wenn es Salat gab, hat er zusätzlich ein Brötchen dazu gegessen oder bei den Zucchininudeln mit Thunfischsauce, da habe ich ihm dann normale Spaghetti gemacht und er war glücklich.
An einem Abend hatten wir Freunde zu Besuch, da stand auf dem Plan „Köfte mit Petersiliensalat". Ich habe für alle dann noch Fladenbrot und Dips angeboten und alle waren begeistert und geschmeckt hat es ihnen auch noch.

Welche Tipps würdest du BBC-Einsteigern geben?

Man sollte sich nicht zu hohe Ziele setzen. Damit meine ich, 5 bis 6 kg in der ersten Woche abnehmen zu wollen. Ja, das hat manch einer vielleicht geschafft, aber jeder Körper ist anders, jeder tickt anders. Und wenn man das dann nicht geschafft hat, ist man total demotiviert.
Zum Thema Trinken: Stellt euch euren Wasservorrat an eine Stelle, an der ihr immer vorbeilauft. Setzt euch als Ziel, diesen Vorrat bis abends zu trinken. Ich war vorher ein richtiger Trinkmuffel, mittlerweile sind drei Liter pro Tag überhaupt kein Problem mehr.
Entfernt Versuchungen! Was da ist, kann auch ganz schnell gegessen werden. Am besten nichts Verlockendes einkaufen. Mit Kindern ist das natürlich so eine Sache, ich hatte es mit meinem Mann so gemacht, dass nur er wusste, wo die Süßigkeiten und die Chips lagerten. So kam ich gar nicht auf die Idee, danach zu suchen.

ERFOLGSGESCHICHTE

SANDRA P.

ALTER: 25 JAHRE
WOHNORT: VIERSEN
BERUF: LAGER-MITARBEITERIN

Welche Gründe hattest du, mit dem BBC zu starten?
Ich trainiere schon länger mit Silke und habe dabei sehr gut abgenommen. Leider habe ich aber durch einen Todesfall in der Familie wieder etwas zugenommen, und die Pfunde sollten wieder weg. Da kam das BBC genau richtig.

Was unterscheidet das BBC von anderen Abnehmprogrammen?
Dass beim BBC bis auf den Zucker und den Alkohol nichts verboten wird. Milchprodukte und Kohlenhydrate sind erlaubt. Und es wird einem so einfach gemacht. Alles ist genau geplant. Die Rezepte sind dazu noch schnell und einfach zu kochen und sie schmecken durchweg alle gut.

Was ist dir besonders schwergefallen?
Schwer ist mir eigentlich nichts gefallen und wenn, habe ich mich relativ schnell wieder selbst motivieren können.

Was gefällt dir am besten?
Mir haben die 21 Tage generell sehr gut gefallen. Ich habe vieles probiert, was ich vorher hätte liegen lassen. Man lernt einfach viel und beschäftigt sich mehr mit der Ernährung. Alles sehr einfach, unkompliziert und leicht verständlich gemacht. Der Sport bringt einen immer an seine Grenzen und ist so effektiv.

Was hat sich in deinem Leben geändert?
Also bei mir geht's auch nach dem BBC so weiter. Es gibt nach wie vor die Rezepte aus dem Buch und drei Mahlzeiten am Tag. Auch die DVD und die Kraftübungen gehören noch zu meinem Sportprogramm, um meinen Körper zu formen.

Welche Erkenntnisse nimmst du mit?
Gesunde Ernährung muss nicht immer zeitaufwendig sein.
Das Kochen geht schnell und alles schmeckt dazu noch superlecker.

Wie hast du dich nach einem Durchhänger wieder auf die richtige Spur gebracht?
Wenn ich einen Durchhänger habe, schaue ich einfach in die BBC-Facebook-Gruppe. Die ganzen Posts mit den Abnehmerfolgen und die anderen Mitstreiter erinnern mich immer wieder daran, für wen ich dies alles mache. Für mich ganz allein.

Ist das BBC auch familien- und partnertauglich?
Ich habe es zwar ganz allein durchgezogen, aber ich denke sehr wohl, dass es partner- und familientauglich ist.

Wie hat dich dein Umfeld unterstützt?
Das Feedback meiner Familie und meiner Freunde war durchgehend positiv. Ich werde immer wieder darauf angesprochen, wie sehr sich mein Körper verändert hat.

Welche Tipps würdest du BBC-Einsteigern geben?
Sich einfach mal drauf einzulassen. Es wird zwar nicht immer einfach sein, aber zu merken, wie der Körper sich verändert und wie toll man sich dann fühlt, ist unbezahlbar. Beim ersten Mal BBC ist es wichtig, sich möglichst gut an den Plan zu halten.

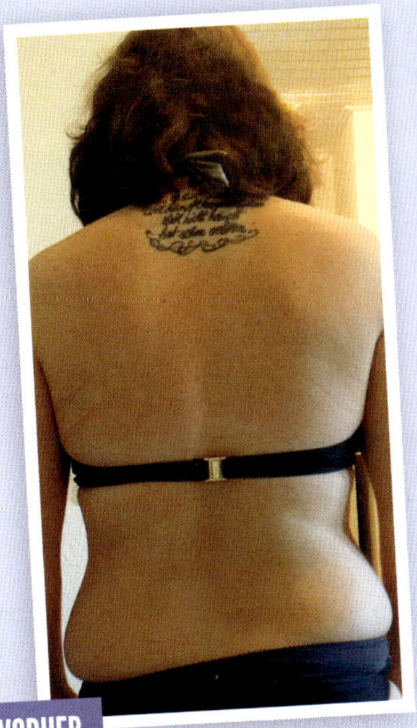

VORHER

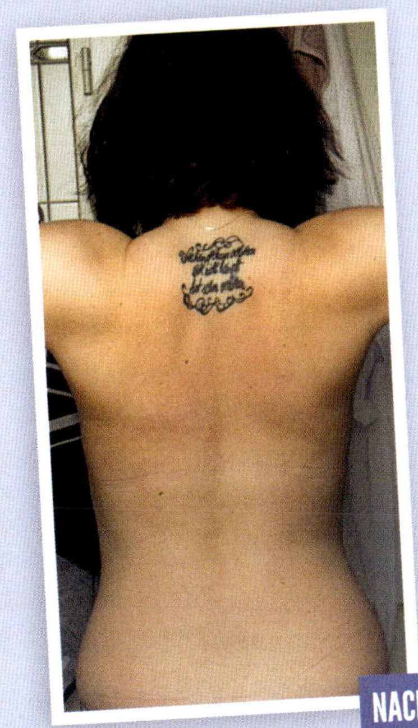

NACHHER

ERGEBNISSE

NACH 21 TAGEN:

Gewicht: –4,2 kg
Umfang Bauch: –7 cm
Umfang Oberschenkel: –6 cm
Kleidergröße: von 42/44 auf 38/40

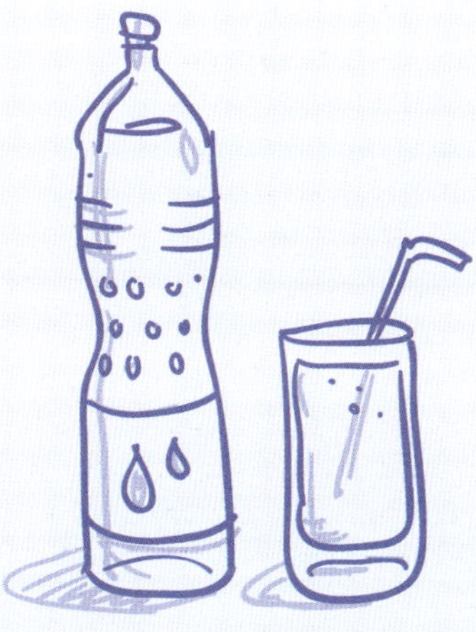

TEIL 5

REZEPTE FÜR DIE ZEIT NACH DEM BOOTCAMP

Die folgenden Rezepte sollen dir helfen, die Zeit nach dem BBC abwechslungsreich, genussvoll und gesund zu gestalten. Mit ihrer Hilfe kannst du auch deine Familie in die Ernährung miteinbeziehen und ihnen deine neue Ernährungsweise näherbringen.

AUFSTRICHE – SÜSS, FRUCHTIG ODER WÜRZIG

Es muss nicht immer Käse, Wurst oder Marmelade aus dem Laden sein. Auf Dauer wird das ein wenig langweilig und etwas Abwechslung hat noch keinem geschadet. Außerdem schmeckt alles, was wir selbst machen, meistens auch besser. Frische Zutaten, weniger Zucker, weniger Salz, weniger Fett und vor allem keine Geschmacksverstärker, das erkennt man sofort am Geschmack. Selbstgemachtes ist zudem immer ein tolles Mitbringsel oder kleines Geschenk. Ich freue mich zum Beispiel sehr, wenn mir jemand einen selbst gemachten Fruchtaufstrich schenkt. Probier es einfach mal aus.

FRUCHTIGE AUFSTRICHE

Für die fruchtigen Brotaufstriche nutzen wir frische oder gefrorene Früchte. Da diese Aufstriche nicht gekocht werden und kein extra Zucker verwendet wird, sind sie im Kühlschrank nur etwa eine Woche haltbar. Also am bestem immer in kleinen Mengen herstellen. Da das Zubereiten im Handumdrehen erledigt ist, kannst du auch kurz vor dem Sonntagsfrühstück etwas Leckeres zaubern. Das dauert nicht länger als das Kochen des Sonntagseis.
Zum Binden verwenden wir Flohsamenschalenpulver. Es vergrößert das Volumen und gibt dem Aufstrich seine Festigkeit.

HIMBEER-AUFSTRICH MIT FLOHSAMENSCHALENPULVER

ZUTATEN

- 2 Handvoll Himbeeren (frisch oder TK)
- 1 TL Zitronensaft
- 1 TL Agavendicksaft
- 1 Messerspitze Flohsamenschalenpulver

Alle Zutaten mit dem Mixer gut pürieren, in kleine Einmachgläser abfüllen und genießen.

Tipp: Diese Fruchtaufstriche kannst du auch nach Belieben mit anderen Früchten herstellen.

MANGO-MARACUJA-AUFSTRICH MIT FLOHSAMENSCHALENPULVER

ZUTATEN

- 2 Handvoll Mango (frisch oder TK; nur das Fruchtfleisch)
- 2 Maracujas (nur das Fruchtfleisch)
- 1 TL Zitronensaft
- 1 TL Agavendicksaft
- 1 Messerspitze Flohsamenschalenpulver

Alle Zutaten mit dem Mixer gut pürieren, in kleine Einmachgläser abfüllen und genießen.

Tipp: Diese Fruchtaufstriche kannst du auch nach Belieben mit anderen Früchten herstellen.

SÜSSE AUFSTRICHE

Diese Aufstriche eignen sich besonders gut zum Frühstück als Marmeladenersatz mit weniger Zucker.

BIRCHER-MÜSLI-AUFSTRICH

ZUTATEN

- 1 Apfel
- 3 TL Himbeeren (frisch oder TK)
- 2 EL Magerquark
- 2 EL Rosinen
- 2 EL Nüsse (egal welche, können auch verschiedene sein)
- 1 EL Sonnenblumenkerne
- 2 EL Haferflocken
- 1 TL Agavendicksaft
- 1 TL Zitronensaft
- 2 EL Orangensaft
- 1 Prise Zimt

Apfel waschen, Kerngehäuse entfernen und Fruchtfleisch würfeln. Himbeeren waschen. Alle anderen Zutaten außer dem Zimt in den Mixer geben und zerkleinern.
Apfelstücke, Himbeeren und Zimt zufügen, alles sehr fein pürieren, in ein schönes Einmachglas füllen und genießen.

DER GESUNDE NUSS-KAKAO-AUFSTRICH

ZUTATEN

- 300 g Nüsse (Haselnüsse oder Mandeln)
- 2 EL Mandelmilch
- 3 EL roher Kakao
- 2 EL Agavendicksaft
- 1 Prise Salz
- 1 TL Öl
- Mark einer Vanilleschote oder 1 TL Vanilleextrakt

Backofen auf 180 °C Ober-/Unterhitze vorheizen.
Die Nüsse auf ein mit Backpapier belegtes Blech geben und ca. 10 Minuten im Ofen rösten lassen. Darauf achten, dass sie nicht zu schwarz werden. Nüsse abkühlen lassen und mit dem Mixer fein vermahlen. Danach die restlichen Zutaten in den Mixer geben und alles fein pürieren. Aufstrich in luftdichte Einmachgläser füllen und in den Kühlschrank stellen.

WÜRZIGE AUFSTRICHE

Diese kalorienärmeren Alternativen ersetzen sehr gut fettreiche Brotbeläge wie zum Beispiel Mett oder Leberwurst.

SILLES VEGANES ZWIEBELMETT

ZUTATEN

- 100 g gesalzene Reiswaffeln
- 1 große Zwiebel
- 300 ml warmes Wasser
- 9 TL Tomatenmark
- 8 TL Gewürzgurkensud
- Salz
- Pfeffer aus der Mühle
- 1 TL Paprika (edelsüß)
- bei Bedarf ½ TL scharfer Senf

Reiswaffeln mit den Händen grob zerbröseln und in eine Schüssel geben. Zwiebel schälen, fein würfeln, zu den Waffelbröseln geben und mit dem Wasser übergießen. Alle übrigen Zutaten hinzugeben und alles kräftig durchkneten.
Masse eine Weile ziehen lassen und vor dem Servieren noch mal abschmecken.

Tipp: Das vegane Mett kann gut am Abend zuvor vorbereitet werden. Über Nacht im Kühlschrank ziehen lassen, morgens abschmecken und bei Bedarf etwas nachwürzen.
Zum Genießen auf frisches Vollkornbrot streichen und nach Belieben mit frischen Zwiebelwürfeln oder sauren Gurken aus dem Glas garnieren.
Abgefüllt in heiß ausgespülte Einmachgläser mit Verschluss kann das Mett ca. 3–4 Tage aufbewahrt werden.

SILLES ROTE-BETE-AUFSTRICH

ZUTATEN

- 150 g Cashewkerne
- 300 ml Wasser
- Salz
- 250 g Rote Bete
- ½ Bund Schnittlauch
- 10 Mandeln
- 1 TL Limettensaft
- 1 TL Mandelmus
- ½ rote Chili nach Belieben

Cashewkerne über Nacht in einer Schüssel mit Salzwasser einweichen lassen. Dann durch ein Sieb abgießen, dabei 3 EL des Salzwassers auffangen und mit den Kernen im Mixer pürieren. Masse mit Salz abschmecken.
Die in einem Topf mit Salzwasser weich gekochten Roten Beten schälen (dazu bitte Handschuhe tragen, färben sehr stark), klein würfeln und in den Mixer zu der Cashewmasse geben. Gut pürieren. Schnittlauch waschen, trocken schütteln und fein hacken. Mandeln mahlen. Schnittlauch, Limettensaft, Mandelmus, Mandeln und eventuell die gewaschene, geputzte und fein gehackte Chili in eine Schüssel geben und mit der Rote-Bete-Cashewmasse verrühren.

Tipp: Wenn keine frischen Roten Beten vorhanden sind, lässt sich der Aufstrich schnell und sehr gut mit bereits vorgegarten vakuumverpackten Roten Beten aus dem Supermarkt (nicht aus dem Glas) herstellen.

Abgefüllt in heiß ausgespülte Einmachgläser mit Verschluss kann der Aufstrich ca. 3–4 Tage aufbewahrt werden.

Zusatzinfo: Silke G. (auch Sille genannt) ist bereits fester Bestandteil bei unseren Veranstaltungen. Sie hilft bei der Organisation, begrüßt die Teilnehmer und steht mit Rat und Tat zur Seite. Mit selbst minus 60 kg in den letzten drei Jahren ist sie den Teilnehmern eine echte Motivationshilfe. Sille ernährt sich mittlerweile vegan und ihre Aufstrichideen sind der Renner. Es gibt bei uns keine Veranstaltungen mehr ohne diese Aufstriche. Deshalb haben wir hier die Rezepte aufgeführt, damit du auch davon profitieren kannst.

ERFOLGSGESCHICHTE

SILKE G. (SILLE)

Wie bist du auf das BBC aufmerksam geworden?
Ich habe Silke Kayadelen vor ca. drei Jahren kennengelernt. Ich war stark übergewichtig und bin in ihrem Abnehmstudio active4fun gelandet. Mittlerweile habe ich 67 kg abgenommen und bin selbst Trainerin in Silkes Team.

Welche Gründe hattest du, mit dem BBC zu starten?
Ich wollte einen längeren Stillstand durchbrechen. Es war mir wichtig, mir während des Camps die Disziplin anzueignen, die notwendig ist, um täglich meine Mahlzeiten für meinen Alltag konsequent vorzubereiten.
Zusätzlich zu meinem üblichen Training wollte ich Übungen zu Hause zur Gewohnheit werden lassen. Drei Wochen sind für ein solches Vorhaben ein guter Zeitraum.

Was unterscheidet das BBC von den anderen Abnehmprogrammen?
Es endet nicht wie eine normale Diät. Ich habe diese Form der Ernährung in meinen Alltag übernommen. Für mich ist das BBC eine langfristige Ernährungs- und Lebensumstellung, die ich einfach so weiterlebe. Der Erfolg zeigt sich in der Hauptsache darin, dass ich nicht mehr zunehme, auch wenn das Gewicht mal nicht nach unten geht. Das ist für mich ein sehr wichtiger Punkt, denn das war bisher immer anders! Sonst ereilte mich nach jeder meiner vielen Diäten der klassische Jo-Jo-Effekt.

Was ist dir besonders schwergefallen?
Das frühe Aufstehen, um Sport zu machen. Überwinden konnte ich es leider nicht, ich bin einfach das totale Gegenteil einer Frühaufsteherin. Stattdessen habe ich das Sportprogramm abends am Stück absolviert. Damit ging es mir wesentlich besser, der Erfolg blieb dennoch nicht aus.

Was gefällt dir am besten?
Die vielen sehr leckeren, einfachen und schnellen Rezepte, die perfekt für die Arbeit geeignet sind.

Was hat sich in deinem Leben geändert?
Ich achte sehr genau darauf, was ich den Tag über und vor allem bei der Arbeit esse. Keine Mahlzeit ist mehr ungeplant, das verhindert mit sehr wenig Aufwand, dass ich aus Mangel an Alternativen zu den falschen Gerichten greife. Noch viel wichtiger ist aber, dass meine Gedanken nicht mehr den ganzen Tag um das Essen kreisen, da ich alles plane.

Welche Erkenntnisse nimmst du mit?
Ich bin keine Frühaufsteherin und werde auch nie eine werden. Doch selbst wenn das Programm etwas anderes empfiehlt, ist es gut und richtig, dass ich auf meine innere Stimme gehört habe.

Mit welchen Argumenten könntest du eine Freundin fürs BBC gewinnen?
Das Programm ist leicht umzusetzen und in den Alltag, auch mit Familie, zu integrieren.

VORHER

NACHHER

ERGEBNISSE

NACH 45 TAGEN BBC:

Gewicht: –13 kg

INSGESAMT:

Gewicht: –67 kg
Kleidergröße: von 56/58 auf 40/42

Man hungert nicht. Dieses Programm funktioniert und hält genau das, was es verspricht. Nicht mehr und nicht weniger. Gleichzeitig räumt es mit vielen Ernährungslügen auf.

Wie hast du dich nach einem Durchhänger wieder auf die richtige Spur gebracht?
Es gab keinen Durchhänger, das Programm, die Rezepte, der Sport, das alles hat mich unglaublich motiviert. Es war für mich sehr einfach, das konsequent und gut gelaunt durchzuziehen.

Ist das BBC auch familien- und partnertauglich?
Absolut! Die Mahlzeiten sind ja reichlich und sehr lecker. Manchmal gab es für den Rest der Familie noch zusätzlich etwas, aber das war eher selten der Fall. Nur den Sport habe ich allein gemacht.

Wie hat dich dein Umfeld unterstützt?
Meine Familie unterstützt mich ja schon länger auf meinem Weg, daher gab es hier keine großen Umstellungen oder Reaktionen.

Welche Tipps würdest du BBC-Einsteigern geben?
Die Erwartungen nicht zu hoch ansetzen, realistische Ziele formulieren, die doofe Waage wegsperren, den Schlüssel jemand anderem geben und die Herausgabe nur zu den Wiegetagen vereinbaren. Lieber ein Maßband benutzen.
Wirklich das ganze Buch *Das Bikini-Bootcamp* lesen, vielleicht manche Kapitel auch zweimal. Wichtige Dinge aufschreiben und immer mal wieder draufgucken (zum Beispiel die Motivationshilfen oder Tipps zur Ernährung).

SILKES BERÜHMTE TOMATENKNOBLAUCHCREME

ZUTATEN

- 4–5 Knoblauchzehen
- Salz
- 1 TL Olivenöl
- 400 g Tomatenmark
- 50 g weiche Butter

Knoblauch schälen und durch eine Knoblauchpresse in eine kleine Schüssel drücken. Mit Salz und Olivenöl vermengen, bis eine cremige Konsistenz entsteht. Tomatenmark und Butter dazugeben und mit einem Pürierstab fein pürieren.
In kleine Einmachgläser gefüllt hält sich die Creme ca. 1 Woche.

Zusatzinfo: Dies ist ein Kayadelen-Familienrezept. Meine Schwester, meine Tochter, meine Nichte und meine active4fun-Mitglieder (mein Abnehmzentrum) und viele andere sind süchtig nach dieser Tomatenknoblauchcreme. Das Rezept habe ich mal von einer Nachbarin bekommen. Wir hatten zum Grillen eingeladen, weil wir neu in diese Straße gezogen waren und unsere Nachbarn kennenlernen wollten. Damals brachte mir Iris ihre Tomatenknoblauchbutter mit. Da ich aber immer kalorienbewusste Alternativen suche, habe ich experimentiert und weniger Butter, dafür aber mehr Tomatenmark und Knoblauch verwendet. Deshalb wurde aus der Tomatenknoblauchbutter die Tomatenknoblauchcreme.
Dieses Rezept habe ich auch mit den Kandidaten aus der Sendung *The Biggest Loser*, bei der ich von 2009 bis 2014 als Coach dabei war, zubereitet. Sie waren alle total begeistert davon. Auch bei unseren Veranstaltungen, zum Beispiel unserem activeweekend, darf die Creme nicht fehlen.

Tipp: Wer bei einer Grillparty in Erinnerung bleiben möchte, bringt diese Creme mit. Sie ist immer wieder ein Knaller.

ERFOLGS-GESCHICHTE

KATI H.

ALTER: 43 JAHRE

VORHER

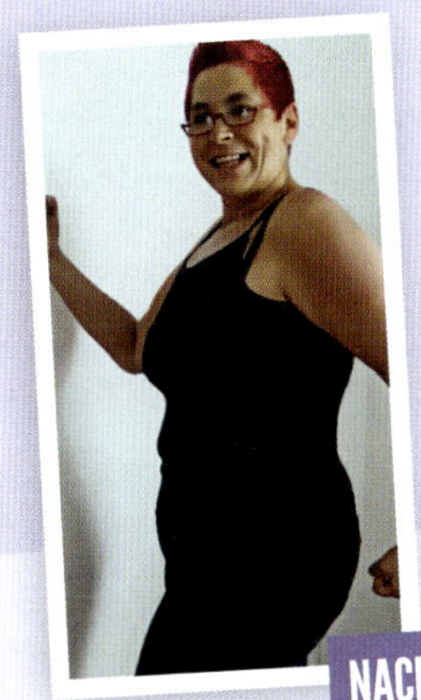

NACHHER

„MEINE SÜNDE SEIT 42 TAGEN HEISST ‚DAS BIKINI BOOTCAMP'!"

Ich heiße Kati H, bin 43 Jahre alt, verheiratet und Mutter dreier Töchter (18, 14 und 8 Jahre). Ich bin 1,83 cm groß und vor Beginn des BBC wog ich 125 kg. Nach den 21 Tagen habe ich sensationelle 9,3 kg abgenommen und war stolz wie Oskar.
Aufmerksam auf das Programm bin ich durch Facebook geworden. Ich bin in die Gruppe „Das Bikini-Bootcamp" eingeladen worden, habe anfangs erst still mitgelesen und mir immer wieder die tollen Ergebnisse angesehen. Großartige Vorher-nachher-Fotos.
Dann hat mich die Neugierde auf das Buch *Das Bikini-Bootcamp* gepackt und ich habe es mir sofort bestellt und dachte: Kati, das schaffst du auch.
Leider war das Buch genau zu der Zeit sehr gefragt und es gab Lieferschwierigkeiten. Ich war echt verzweifelt, weil ich so motiviert war und es unbedingt wollte. Also schrieb ich Silke persönlich an. Sie antwortete sofort und entschuldigte sich für dieses Problem. Sie machte mir Mut und sagte mir schon mal, wie ich mit der Ernährungsumstellung anfangen sollte, und das habe ich dann direkt umgesetzt. Am 20.6.2016 kam dann mein Buch und ich fing am 25.6.2016 sofort damit an.
Fünf Tage vorher habe ich mit Silkes Hilfe begonnen, da wog ich 130 kg. Als das Buch dann da war, hatte ich bereits 5 kg abgenommen und meine Waage zeigte 125 kg. Ich habe das Camp dann noch ein zweites Mal angehängt und habe insgesamt 17,2 kg abgenommen und es geht weiter.

NACH 42 TAGEN:

Gewicht: –17,2 kg

ERGEBNISSE

1, 2, 3 GRILLSAISON

Alex hat mit uns bereits einige Kilos abgenommen und ist Mitglied in unserem Abnehmzentrum. Zu einem activeweekend brachte sie ihren Krautsalat mit. Mit dem Ergebnis, dass sie ihn jetzt jedes Mal machen muss.

KRAUTSALAT À LA ALEX

ZUTATEN

- 1 Weißkohl oder Spitzkohl
- 2 große Zwiebeln
- 1 Paprika (rot, grün oder gelb)
- 2 TL 8-Kräuter-Mischung (TK)
- 4 TL Öl
- 6 TL Essig
- Salz
- Pfeffer
- 1 TL Agavendicksaft

Weiß- oder Spitzkohl putzen und waschen. Zwiebeln schälen. Kohl und Zwiebeln hobeln oder ganz fein schneiden. Paprika putzen, waschen und in feine Stifte schneiden. Paprika, Kohl, Zwiebel und Kräutermischung in einer Schüssel vermischen.
Öl, Essig, Salz, Pfeffer und Agavendicksaft zu einem Dressing verrühren und in die Schüssel geben. Salat mit den Händen ordentlich vermengen und ziehen lassen.

Tipp: Je länger der Salat zieht, umso besser schmeckt er.

MELONENSALAT À LA ALEX

ZUTATEN

- 1 kleine Wassermelone (kernlos)
- 3 kleine lila Zwiebeln
- 200 g Schafskäse
- 2 TL Pinienkerne
- 10 schwarze Oliven (entkernt)
- 1 TL Öl
- 2 TL Balsamico
- Salz
- Pfeffer

Melone halbieren, Fruchtfleisch von der Schale lösen und in Würfel schneiden, Zwiebeln schälen, halbieren und in halbe Ringe schneiden. Schafskäse würfeln und die Pinienkerne kurz in einer Pfanne ohne Öl anrösten.
Melone, Zwiebeln, Schafskäse, Pinienkerne und Oliven in einer Schüssel vermengen.
Öl, Balsamico, Salz, Pfeffer zu einem Dressing verrühren und über den Salat geben. Alles gut vermischen und servieren.

Tipp: Wer einen Melonen- oder Obstausstecher hat, kann damit Melonenkugeln formen. Das sieht im Salat sehr gut aus.

Zusatzinfo: Alex ist jetzt seit knapp zwei Jahren in unserem Abnehmzentrum active4fun und auch fester Bestandteil als Helferlein bei unseren Veranstaltungen. Ihr legendärer Krautsalat darf bei keiner Veranstaltung fehlen.
Sie ist begeisterte BBClerin und hat damit einen Stillstand überwunden. Sie achtete schon seit Längerem darauf, was sie zu sich nahm, und war mindestens drei- bis viermal beim Training. Trotz des Trainings und ihrer Ernährungsumstellung hat sich aber lange Zeit nichts auf der Waage getan. Als ich ihr das BBC empfohlen habe, hat sie sich darauf eingelassen und war dann umso glücklicher, als ihr Stillstand ein Ende hatte.

DIE ETWAS ANDERE MARINADE FÜR GEFLÜGEL

ZUTATEN

- 1 cm Ingwer
- 30 ml Wasser
- 2 TL Öl
- ¼ TL Wasabi-Paste
- ¼ TL grüne Currypaste
- ½ TL Kurkuma
- 3 EL Tandoori-Paste

Ingwer schälen und fein würfeln. Alle Zutaten in den Mixer geben und pürieren.

Tipp: Diese Marinade passt sehr gut zu Geflügel. Wichtig ist, dass das Fleisch mehrere Stunden in der Marinade ziehen kann. Nach dem Grillen dann mit Salz und Pfeffer würzen.

DER BULGURSALAT À LA ALIS MAMA

ZUTATEN FÜR 2 PERSONEN

- 3 Lauchzwiebeln
- 1 Bund Petersilie
- einige Minzblätter
- 1 Romasalat
- 150 g mittelgrober Vollkorn-Bulgur
- ½ TL gemahlener Kreuzkümmel
- 1 TL getrocknetes Basilikum
- ½ TL Salz
- 1 EL Paprikamark
- 1 TL Tomatenmark
- 1 TL grob gemahlenes Paprikapulver (mild oder scharf nach Belieben)
- 5 EL warmes Wasser
- 4 TL Öl
- 3 EL Granatapfelsirup

Lauchzwiebeln putzen, waschen und hacken. Petersilie und Minze waschen, trocken schütteln und fein hacken. Salat putzen, in Blätter teilen, waschen und trocken schütteln.
Bulgur mit Kreuzkümmel, Basilikum, Salz, Paprikamark, Tomatenmark, Paprikapulver und Wasser in einer Schüssel gut miteinander vermengen und 5–10 Minuten ziehen lassen. Dann Öl und Granatapfelsirup hinzufügen und gut untermischen. Nun Petersilie, Lauchzwiebeln und Minze hinzufügen. Salatblätter auf einem Teller anrichten und den Salat darauf verteilen.

Zusatzinfo: Ali habe ich bei einer Sendung kennengelernt, in der ich als Ernährungs- und Foodcoach tätig war. Er wog damals 236 kg und vom ersten Augenblick an war mir klar, dass ich ihm helfen wollte, ein normales Leben zu führen. Das ist auch gelungen. Ali hat etwas über 100 kg abgenommen und hilft jetzt als Trainer anderen übergewichtigen Menschen. Heiner und ich gehören mittlerweile zur Familie. Alis Mama ist eine tolle Frau und kocht für ihr Leben gern. Sie verbindet die türkische und die arabische Küche und hat diese jetzt noch etwas in Richtung leichte Küche verändert. Bei unseren Veranstaltungen und Grillpartys ist sie immer dabei und ihren Bulgursalat lieben alle. Deshalb musste das Rezept auch unbedingt in dieses Buch.

Tipp: Zu dem Salat passen sehr gut ein Glas Ayran (Joghurterfrischungsgetränk) oder eine kleine Schale Cacik (eine Zubereitung aus Joghurt, Gurken und Knoblauch).

VORHER

NACHHER

PIÑA COLADA OHNE UMDREHUNGEN (ALKOHOLFREI)

Ananas schälen und Fruchtfleisch würfeln. Alle Zutaten in den Mixer geben und pürieren.

Tipp: Gut für eine Grillparty oder auch einfach eine tolle Alternative zu Bier oder Wein am Samstagabend.

ZUTATEN

- ½ Ananas
- 500 ml Buttermilch
- ½ TL Kokosfett
- ½ TL Kurkuma
- 1 Handvoll Eiswürfel

LECKERE DIPS UND PESTOS

DAS FEINE PESTO

ZUTATEN

- 1 Knoblauchzehe
- 1 Bund Basilikum
- 10 g Parmesan
- 1 TL Pinienkerne
- 3 EL Gemüsebrühe
- 1 TL Öl
- etwas Salz und Pfeffer
- etwas Zitronensaft nach Belieben

Knoblauch schälen und grob zerkleinern. Basilikum waschen, trocken schütteln und mit Parmesan, Pinienkernen, Gemüsebrühe, Öl und dem Knoblauch in den Mixer geben und fein pürieren. Mit Salz, Pfeffer und eventuell ein paar Spritzern Zitronensaft abschmecken.

Tipp: Gern kann Basilikum auch durch Petersilie ersetzt werden. Dieses Pesto passt gut zu Nudeln, kann aber auch als Sauce für den Salat verwendet werden.

RUCOLA-PESTO

Die Pinienkerne in einer Pfanne ohne Fett anrösten. Rucola waschen und trocken schütteln. Die dicken Stiele abschneiden. Die Chilischote waschen, putzen und klein schneiden. Knoblauch schälen und grob zerkleinern.
Rucola mit Pinienkernen, Knoblauch, Gemüsebrühe, Öl und den Chilistücken in den Mixer geben und fein pürieren. Mit Salz und Pfeffer abschmecken.

ZUTATEN

- 2 TL Pinienkerne
- 1 Bund Rucola
- ½ rote Chilischote
- 1 Knoblauchzehe
- 3 EL Gemüsebrühe
- 1 TL Öl
- etwas Salz und Pfeffer

DER KICHERERBSEN-DIP

Die Kichererbsen in ein Sieb gießen und unter Wasser kurz abspülen und abtropfen lassen. Danach alle Zutaten in den Mixer geben und pürieren. Dip nach Belieben würzen.

Tipp: Wer keine Kichererbsen aus der Dose verwenden möchte, kann auch frische nehmen. Diese müssen dann vor der Zubereitung über Nacht in kaltem Wasser eingeweicht werden. Danach in ein Sieb abgießen und in einem Topf mit kochendem Wasser etwa 1 Stunde weich kochen.

ZUTATEN

- 80 g Kichererbsen (Abtropfgewicht)
- 2 EL Dickmilch
- 1 Knoblauchzehe
- 1 TL Zitronensaft
- 1 TL Tahini-Paste
- nach Bedarf Kreuzkümmel, Kurkuma, Cayennepfeffer, Salz

DER GRÜNE ERBSEN-DIP

Erbsen in einem Topf mit kochendem Salzwasser 3 Minuten garen. Danach in ein Sieb abgießen, kalt abspülen und gut abtropfen lassen. Knoblauch schälen und grob zerkleinern. Alle Zutaten in den Mixer geben und fein pürieren.

Tipp: Wer keinen Knoblauch mag, kann ihn natürlich auch weglassen.

ZUTATEN

- 70 g Erbsen (TK)
- Salz
- 1 Knoblauchzehe
- ½ TL Öl
- 1 Spritzer Zitronensaft
- ½ TL Tahini-Paste
- 2 Stängel Minze
- Pfeffer

SNACKEN OHNE REUE

(SÜSS UND SALZIG)

Es gibt keine guten oder bösen Lebensmittel. Wie so oft kommt es auf die Menge an.
Alle, die ihr Gewicht reduzieren wollen, sollten eine negative Energiebilanz aufweisen, also mehr Kalorien verbrauchen, als sie zu sich nehmen. In diesem Abschnitt findest du einige kalorienarme Snacks, die schmecken und satt machen und anstelle kalorienreicherer Snacks zwischendurch gegessen werden können.

ROTE-BETE-CHIPS

ZUTATEN

- frische Rote Bete
- Salz
- etwas Öl

Backofen auf 180 °C Umluft vorheizen. Rote Bete schälen (dazu bitte Handschuhe tragen, färbt sehr stark) und mit einem Gemüsehobel in sehr dünne Scheiben schneiden. Je dünner die Scheiben, desto knuspriger werden die Chips.
Die Gemüsescheiben in eine Schüssel geben, gut salzen und ca. 15 Minuten einwirken lassen. Das Salz entzieht den Roten Beten Feuchtigkeit. Die Scheiben danach gut mit Wasser abspülen und mit einem Küchenpapier trocken tupfen. In einer Schüssel mit Öl vermischen und auf einem mit Backpapier belegten Blech verteilen. Chips in den Ofen geben und so lange backen, bis sie braun werden. Bitte während des Backens häufiger kontrollieren.

Tipp: Auch Pastinaken oder Möhren eignen sich sehr gut für Gemüsechips.

GRÜNKOHLCHIPS

ZUTATEN

- 1 Grünkohl
- ½ TL Öl
- etwas Paprikapulver
- Salz
- 1 TL Wasser

Backofen auf 180 °C vorheizen.
Grünkohl putzen, waschen und die Blätter von den Stielen trennen.
Die Blätter in mundgerechte Stücke schneiden und in einer Schüssel mit Öl, Paprikapulver, Salz und Wasser vermischen. Die Grünkohlstücke auf dem mit Backpapier belegten Blech verteilen, nicht übereinander legen.
Chips 5–10 Minuten backen. Sobald die Spitzen des Grünkohls knusprig und leicht braun sind, sind sie fertig.

APFELCHIPS

ZUTATEN

- 5–6 Äpfel (besonders gut eignen sich Elstar)
- etwas Zitronensaft

Backofen auf 80 °C vorheizen.
Die Äpfel waschen, mit einem Apfelausstecher das Kerngehäuse entfernen. Äpfel mit einem Hobel in ganz dünne Scheiben schneiden und auf einem mit Backpapier belegten Blech verteilen. Die Apfelscheiben mit etwas Zitronensaft beträufeln.
Chips ca. 3 Stunden im Ofen backen.

Tipp: Je dünner die Apfelscheiben sind, umso knuspriger werden sie. Den Ofen ab und zu kurz öffnen, damit die Feuchtigkeit entweichen kann.

ERFOLGS-GESCHICHTE

MARTINA B.

ALTER: 52 JAHRE
WOHNORT: BECKUM
BERUF: HAUSFRAU

VORHER

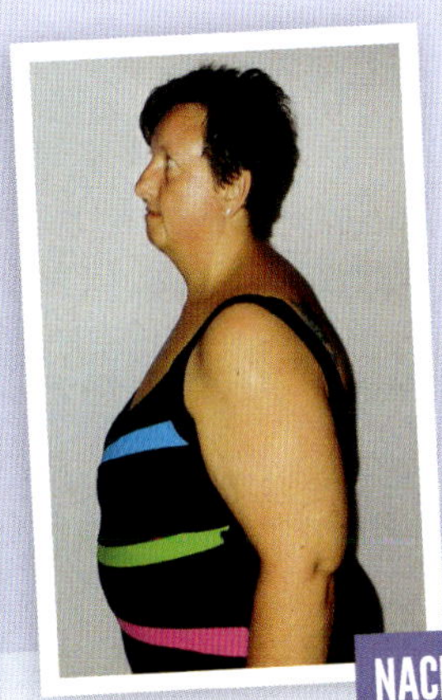

NACHHER

Wie bist du auf das BBC aufmerksam geworden?
Ich habe das Buch in einem Buchladen gesehen.

Welche Gründe hattest du, mit dem BBC zu starten?
Ich war übergewichtig.

Was unterscheidet das BBC von anderen Abnehmprogrammen?
Es handelt sich um eine gesunde Ernährung ohne Zusatzpräparate und man bekommt unkomplizierte Rezepte.

Was ist dir besonders schwergefallen?
Der Sport ... Erst einmal bin ich nur schwimmen gegangen, bis ich fitter war.

Was gefällt dir am besten?
Die Struktur der Rezepte und dass ich sie tauschen konnte.

Was hat sich in deinem Leben geändert?
Mein ganzes Ich, ich bin selbstbewusster geworden und meine Körperhaltung hat sich verbessert.

Welche Erkenntnisse nimmst du mit?
Ich möchte mich nicht mehr anders ernähren. Alles ist so genial.

Wie hast du dich nach einem Durchhänger wieder auf die richtige Spur gebracht?
Die Facebook-Gruppe hat mich immer wieder aufs Neue motiviert und aufgefangen.

Ist das BBC auch familien- und partnertauglich?
Es ist total familientauglich.

Wie hat dich dein Umfeld unterstützt?
Anfangs waren sie sehr skeptisch, aber nach einer gewissen Zeit wurden sie immer interessierter und wollten alles darüber wissen.

Welche Tipps würdest du BBC-Einsteigern geben?
Einfach das Buch *Das Bikini-Bootcamp* kaufen, lesen und anfangen.

ERGEBNISSE

NACH 105 TAGEN:

Gewicht: –19,5 kg
Umfang Bauch: –14 cm
Umfang Oberschenkel: –4,5 cm
Kleidergröße: von 52 auf 46

FLAVORED WATER – AROMATISIERTES WASSER SELBST GEMACHT

Wir sollen ausreichend trinken, aber nur das Richtige. Natürlich wissen wir alle, was richtig gut für uns ist: WASSER und alle Getränke, die keinen Zucker beinhalten. Auch im BBC löschen wir unseren Durst ausschließlich mit Getränken ohne Zucker, das heißt mit Wasser oder ungesüßten Tees. Du solltest dir bewusst sein, dass ein Glas Saft, Limo oder Ähnliches immer als Lebensmittel eingestuft wird und nicht als Durstlöscher. Da uns Coaches viel daran liegt, dir das Wassertrinken schmackhaft zu machen, haben wir hier einige tolle Ideen zuammengestellt, um dein Wasser aufzupeppen, und das ganz ohne Zugabe von Zucker, sondern lediglich mit frischem Obst und Gemüse. Dann kann jeder mit gutem Gewissen trinken, so viel er möchte. Wer Lust hat, kann natürlich auch eigene Varianten ausprobieren.

DAS AROMATISCHE

ZUTATEN FÜR 1 LITER

- 500 g gemischte Früchte (Granatapfelkerne, Orangen, Kiwis, Heidelbeeren)
- 1 Handvoll Minzblätter
- 1 cm Ingwer

Früchte waschen oder schälen, putzen und in Scheiben oder Stücke schneiden.
Die Minzblätter waschen und trocken schütteln. Ingwer schälen und in ganz feine Scheiben schneiden.
Früchte in einen großen Wasserbehälter oder eine Flasche mit einer größeren Öffnung füllen. Die Minzblätter etwas andrücken und mit dem Ingwer auch in die Flasche geben. Mit 1 Liter Wasser (Sprudel- oder stilles Wasser) aufgießen, verschließen und etwas ziehen lassen.

DAS ERFRISCHENDE

Früchte waschen, Kirschen entkernen. Limette gut waschen und in Scheiben schneiden. Grapefruit auspressen. Früchte, Limettenscheiben und den Grapefruitsaft in einen Glasbehälter oder eine Flasche mit einer größeren Öffnung füllen. Mit 1 Liter Wasser (Sprudel- oder stilles Wasser) aufgießen, verschließen und etwas ziehen lassen.

ZUTATEN FÜR 1 LITER

- 500 g gemischte Früchte (Erdbeeren, Himbeeren, Kirschen)
- 1 Bio-Limette
- ½ pinke Grapefruit

DAS SPRITZIGE

ZUTATEN FÜR 1 LITER

- 1 Bio-Orange
- 2 Bio-Limetten
- 1 cm Ingwer
- 1 Handvoll Minzblätter

Orange und eine Limette gut waschen und in Scheiben schneiden. Ingwer schälen und in feine Scheiben schneiden. Eine Limette auspressen. Minzblätter waschen und trocken schütteln. Alle Zutaten in einen Glasbehälter oder eine Flasche mit einer größeren Öffnung füllen. Mit 1 Liter Wasser (Sprudel- oder stilles Wasser) aufgießen, verschließen und etwas ziehen lassen.

Tipp: Erlaubt ist, was schmeckt. Probiere verschiedene Früchte und Kräuter aus und kreiere dir deinen eigenen Favoriten. Zum Beispiel: Pink-Grapefruit-Zitrone-Birne-Wasser, Gurke-Limette-Minze-Wasser, Melone-Erdbeer-Melisse-Wasser, Kiwi-Limette-Heidelbeer-Wasser und, und, und.
An heißen Tagen kannst du auch Crasheis in das Wasser geben. Wer will, kann eine große Menge vorbereiten, so hat die Familie den ganzen Tag über etwas Feines zu trinken. Das Wasser mit den Fruchtstücken ist bei einer Party garantiert ein toller Hingucker.

FÜR DIE KLEINEN ODER GROSSEN

REZEPTE FÜR DIE KINDER UND DEN MEIST MÄNNLICHEN PARTNER

Das kennst du bestimmt: Endlich bist du so weit und möchtest etwas ändern. Du möchtest dein Gewicht reduzieren, dich besser ernähren, wieder fitter werden. Deinen inneren Schweinehund hast du bereits überwunden und du lässt keine Ausrede mehr gelten. Doch dann machen dir deine Familie, dein Partner oder deine Kinder einen Strich durch die Rechnung. Die haben nämlich Angst davor, zu wenig zu essen zu bekommen. Angst davor, dass es nicht schmeckt oder dass es nur noch Gemüse und Körner gibt. Die Gegenwehr ist dann oft groß.
Wir haben im Rahmen des BBC die Erfahrung gemacht, dass Kinder ihren Müttern oft die Smoothies wegtrinken und die Partner gar nicht mitbekommen, dass ihre Frauen sich gerade mitten in einer Ernährungsumstellung befinden. Doch uns wird auch immer wieder von Frauen die Frage gestellt, ob das BBC für Männer und Kinder überhaupt geeignet ist. Natürlich! Viele Paare starten gemeinsam mit dem BBC und genießen die positiven Veränderungen. Bei Männern raten wir jedoch dazu, die Portionen etwas zu vergrößern.
In Bezug auf die Kinder können wir sagen, dass alle Mahlzeiten auch für sie geeignet sind, da es sich dabei um eine abwechslungsreiche und ausgewogene Ernährung handelt. Doch wie bereits erwähnt, sollten Kinder nicht mit dem Gedanken essen, mit diesen Gerichten abnehmen zu müssen. Es spricht überhaupt nichts dagegen, ihnen die leckeren Mahlzeiten des BBC aufzutischen. Sie können sich daran satt essen und werden gar nicht merken, dass das Mahlzeiten sind, die Mama oder Papa zu sich nehmen, weil sie abnehmen wollen. Und das ist auch wichtig und gut so.
Damit du noch mehr Kochideen für deine Familie hast, hier einige Rezepte, die Großen und Kleinen schmecken.

SATÉ-SPIESSE

ZUTATEN

- 200 g Hähnchenbrustfilet
- Salz, Pfeffer
- 16 Kirschtomaten
- 4 Schaschlikspieße
- 50 g Satépaste

Das Hähnchenbrustfilet in 4 große längliche Stücke schneiden, salzen und pfeffern. Tomaten waschen. Jeweils 2 Tomaten, 1 Hähnchenbrustfilet, 2 Tomaten auf einen Schaschlikspieß schieben. Anschließend das Fleisch mit der Satépaste bepinseln und gut durchgrillen.

SILKES BUNTE SCHASCHLIK-SPIESSCHEN

ZUTATEN

- 200 g Hähnchenbrustfilet
- 1 rote Paprika
- 1 gelbe Paprika
- 1 grüne Paprika
- 1 Zucchini
- Schaschlikspieße

Für die Marinade:

- 1 Knoblauchzehe
- 1 TL Öl
- 1 EL Orangensaft
- 1 EL Gemüsebrühe
- etwas Rosmarin
- Salz
- Pfeffer

Das Hähnchenbrustfilet grob würfeln. Paprikas waschen, putzen und in mittelgroße Stücke schneiden. Zucchini putzen, waschen und in dicke Scheiben schneiden.
Für die Marinade Knoblauch schälen und in eine Schüssel pressen, mit Öl, Orangensaft, Gemüsebrühe, Rosmarin, Salz und Pfeffer gut vermischen. Das Fleisch in die Schüssel legen und ca. 10 Minuten ziehen lassen.
Die Spieße jetzt abwechselnd mit Gemüse und Fleisch bestücken und gut durch grillen.

Tipp: Der Fantasie sind hier keine Grenzen gesetzt. Je bunter die Spieße sind, desto hübscher sehen sie aus. Kinder helfen da übrigens sehr gerne mit. So lernen sie auch gleichzeitg, sich selbst gesunde Mahlzeiten zuzubereiten.

WRAP MIT HÄHNCHENBRUST

ZUTATEN

- 1 Möhre
- 1 Frühlingszwiebel
- 2 Stängel Petersilie
- 1 Bund Schnittlauch
- 100 g Magerquark
- Salz
- Pfeffer
- 1 Ei
- 1 TL Mineralwasser
- 1 TL Öl
- 2 Scheiben Hähnchenbrust (gepökelt)

Die Möhre putzen, schälen und raspeln. Die Frühlingszwiebel putzen, waschen und in ganz feine Ringe schneiden. Petersilie und Schnittlauch waschen, trocken schütteln und fein hacken. Gemüse und Kräuter in einer Schüssel mit dem Quark vermischen, mit Salz und Pfeffer würzen und etwas ziehen lassen. Das Ei in einer Schüssel mit dem Mineralwasser verquirlen und mit Salz und Pfeffer würzen. Öl in einer beschichteten Pfanne erhitzen. Aus der Eimasse 1 oder 2 Omeletts backen. Dazu die Eimasse in die Pfanne geben und durch Schwenken die Eimasse schön dünn verteilen. Nach 1–2 Minuten das Omelett vorsichtig wenden und die andere Seite noch einmal so lange braten. Danach Omeletts auf einen Teller legen und abkühlen lassen. Die Omeletts mit der Quarkmasse bestreichen, die Hähnchenbrust darauflegen und die Omeletts zu Wraps aufrollen.

Tipp: Wer keine Hähnchenbrust zur Hand hat, kann auch einen mageren Schinken verwenden.

DAS MÜSLI FÜR GROSSE UND KLEINE FAMILIENMITGLIEDER

ZUTATEN

- 1 Handvoll Mandeln
- ein paar Minzblätter
- 1 bis 2 gelbe oder grüne Kiwis
- 1 EL Nussmischung (mit oder ohne Rosinen)
- 100 g griechischer Joghurt

Die Mandeln in einer Pfanne ohne Fett rösten, abkühlen lassen und danach grob hacken. Minzblätter waschen und trocken schütteln. Kiwis schälen und in schöne Scheiben schneiden. Einige schöne Scheiben zur Dekoration beiseitestellen, den Rest mit den Minzblättern pürieren.
Die Mandeln und die Nussmischung in ein Glas füllen und Joghurt darübergeben.
Das Kiwi-Minz-Püree auf dem Joghurt verteilen und mit den Kiwischeiben dekorieren.

Tipp: Wer mag, kann noch etwas geraspelte Zartbitterschokolade obenauf streuen, so entsteht im Handumdrehen ein toller Nachtisch.

ERFOLGS-GESCHICHTE

BERNHARD B.

ALTER: 58 JAHRE
WOHNORT: MÜLHEIM AN DER RUHR
BERUF: BETRIEBSLEITER

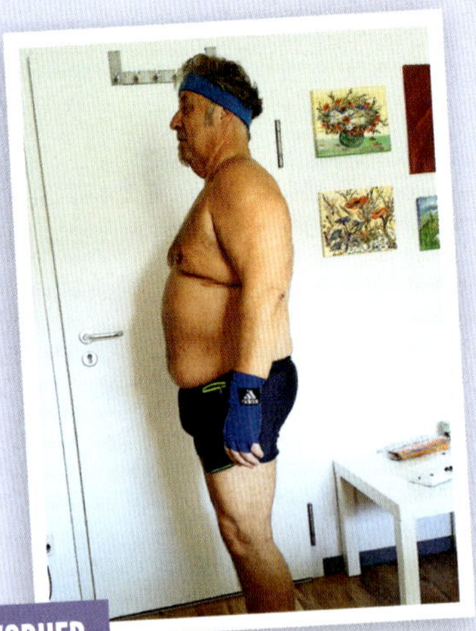

VORHER

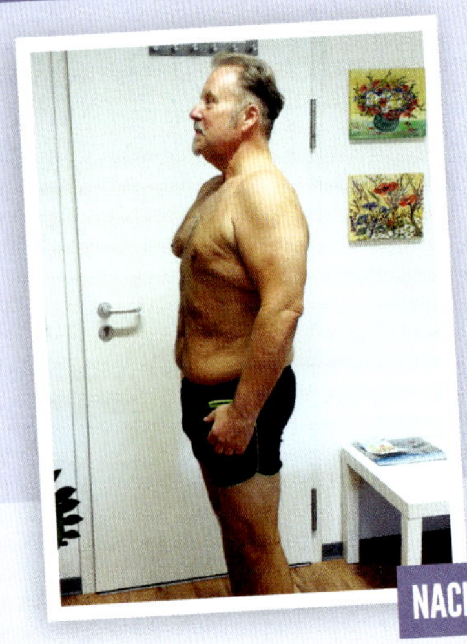

NACHHER

Wie bist du auf das BBC aufmerksam geworden?
Durch Silke. Ich kenne Silke schon länger aus der Sendung *The Biggest Loser*. 2014 war ich dann selbst Teilnehmer und war sehr traurig darüber, dass Silke nicht mehr als Coach mitwirkte. Ich besuchte sie in ihrem Abnehmstudio in Essen und bin nun seit mehr als einem Jahr Mitglied. Silke wollte mich als Beweis dafür, dass Männer auch einen Bikini tragen können. Es hat geklappt. ;-)

Welche Gründe hattest du, mit dem BBC zu starten?
Ich wollte in meinem Gewicht wieder zweistellig werden.

Was unterscheidet das BBC von anderen Abnehmprogrammen?
Die Ernährung und der Sport, es fällt mir einfach alles leicht.

Was gefällt dir am besten?
Dass ich ausreichend essen kann und nicht hungern muss.

Was hat sich in deinem Leben geändert?
Ich bin noch sportlicher und ausgeglichener.

Wie hast du dich nach einem Durchhänger wieder auf die richtige Spur gebracht?
Man sollte sich zwischendurch mal was gönnen und sich belohnen, es muss ja nicht immer etwas zu essen sein.

Wie hat dich dein Umfeld unterstützt?
Ich ganz allein will es, deshalb benötige ich keine Unterstützung.

Welche Tipps würdest du BBC-Einsteigern geben?
Man muss es wollen und darf sich von Gewichtsschwankungen nicht entmutigen lassen.

ERGEBNISSE

NACH 42 TAGEN:

Gewicht: –13 kg
Umfang Bauch: –12 cm
Kleidergröße: von XXL auf L

ERFOLGS-GESCHICHTE

ILKA S.

ALTER: 38 JAHRE
WOHNORT: HAMM

Ich muss einfach mal Danke sagen. Danke, dass ich Silke und Heiner mit ihrem BBC auf Facebook gefunden habe. Ich habe jetzt über Jahre immer wieder versucht, die angefutterten Schwangerschaftspfunde wieder abzunehmen. Ich habe alle möglichen Diäten ausprobiert und mehr als 2 kg sind nie gepurzelt, aber die waren schnell wieder auf den Hüften. Dann sah ich bei Facebook, dass es die Bikini-Bootcamp-Gruppe gab, ich bin sofort beigetreten und meine Geschichte nahm ihren Lauf:

Ich bestellte mir das Buch und fing gleich an. Das Kochen der tollen Gerichte und die Sporteinheiten machten mir sehr viel Spaß. Jaaa, Sport ist so gar nicht meins, aber ich dachte mir: Komm, Augen zu und durch, es sind ja nur 21 Tage. Tja, was soll ich sagen. Trotz zwei Wochen Italien-Urlaub habe ich in sieben Wochen mein Gewicht bei einer Größe von 1,72 m von 72,6 auf 64,1 kg reduziert. Ich koche noch weiter nach dem BBC, aber es gibt bei mir auch mal Ausnahmen, doch die genieße ich dann ohne schlechtes Gewissen. Ich weiß, dass das nichts ausmacht, wenn ich ansonsten gesund und ausgewogen esse und meinen Sport mache. Es ist eben immer die negative Energiebilanz wichtig, genau so, wie Silke und Heiner immer sagen.

Ich bin unendlich froh, diese beiden tollen Coaches gefunden zu haben, und hoffe, dass sie noch lange so weitermachen.

VORHER

NACHHER

ERGEBNIS

NACH 49 TAGEN:

Gewicht: –8,5 kg

ERFOLGSGESCHICHTE

TANJA S.

Gewicht: –6 kg

ERGEBNIS

VORHER

NACHHER

Tanja ist 41 Jahre alt und seit über einem Jahr in den Wechseljahren. Dadurch hat sie ca. 9 kg zugenommen. Unzählige Diäten hat sie ausprobiert und sie war sehr unzufrieden damit. Bei Facebook ist sie durch Zufall auf das BBC gestoßen. Eine Woche später hat sie das Buch *Das Bikini-Bootcamp* bestellt und zwei Tage danach gleich angefangen.
Mittlerweile hat sie in sechs Wochen 5,5 kg abgenommen und möchte noch weitere 4–5 kg abnehmen.
Dieses Rezept hat sie uns zur Verfügung gestellt, da ihre Kinder diese Sushi-Röllchen lieben.

TANJAS PINKES SUSHI

ZUTATEN

- 70 g Quinoa
- 250 ml Wasser
- etwas geriebene Rote Bete oder rote Lebensmittelfarbe
- 1 EL Reisessig
- 2 Nori-Blätter (Algenblätter aus dem Asiashop)
- nach Belieben:
- Möhre
- Gurke
- Lachs
- Wasabipaste
- Sojasauce

Quinoa in einem Sieb unter heißem Wasser so lange abspülen, bis das Wasser klar ist. Wasser in einem Topf zum Kochen bringen, Quinoa hineingeben und ca. 15 Minuten leicht köcheln lassen. Rote Bete schälen und reiben (dazu bitte Handschuhe tragen, färben sehr stark). Reisessig und Rote Bete oder Lebensmittelfarbe zu der Quinoa geben und umrühren. Nori-Blätter auf einem Brett oder einer Sushi-Matte auslegen und zu ¾ dünn mit der Quinoa-Masse bestreichen. Gemüse putzen und waschen und wie den Lachs in dünne Streifen schneiden. Auf die Quinoa-Masse legen, Nori-Blätter von der unbestrichenen Seite her aufrollen und die Enden mit Wasser bestreichen und gut verschließen. Rollen in Scheiben (ca. 2 cm dick) schneiden und nach Belieben mit Wasabipaste und Sojasauce genießen.

Tipp: Meine Tochter ist schon als Kleinkind ein Fan von Sushi-Rollen gewesen. Aber dieses pinke Sushi ist die absolute Krönung. Geschmacklich, aber besonders für das Auge.

SONJAS AMARANTH-PRALINEN

Alle Zutaten bis auf die gemahlenen Mandeln in einer Schüssel verrühren und 10 Minuten quellen lassen. Anschließen daraus ca. 8 Kugeln formen und diese in den gemahlenen Mandeln wälzen. Kugeln in den Kühlschrank stellen und gut kühlen, so schmecken sie besonders gut.

ZUTATEN

- 2 EL Magerquark
- 6 EL gepuffter Amaranth
- 1 TL Agavendicksaft
- 5–6 Tropfen Kokosaroma
- gemahlene Mandeln

Zusatzinfo: Sonja K. ist eine begeisterte BBClerin und sehr aktiv in der BBC-Community. Mir sind ihre tollen Bilder in der Gruppe aufgefallen. Sie liebt es zu kochen und ihre Familie zu verwöhnen. Sonja postete irgendwann auch ein Bild dieser Amaranth-Pralinen. Daraufhin habe ich sie angeschrieben und sie hat sich sehr gefreut, dass ihre BBC-konformen Pralinen in dieses Kochbuch aufgenommen wurden.

BACKE, BACKE ... GESUNDES BROT UND GEBÄCK

Gerade während des BBC wird dir auffallen, dass Selbstgemachtes einfach besser schmeckt. Auch wirst du merken, dass Lebensmittel nicht grundsätzlich schlecht sind und dass du den Kaloriengehalt einer Mahlzeit erheblich senken kannst, indem du bestimmte Zutaten sparsam dosierst oder durch andere ersetzt. Es kommt immer darauf an, wie viel Fett, Zucker etc. du verwendest. Um auf Nummer sicher zu gehen, hier einige BBC-taugliche Rezepte für das tägliche Brot und Alternativen zum süßen, mächtigen und kalorienreichen Kuchen.

BROT OHNE MEHL MIT FLOHSAMENSCHALEN

Sonnenblumenkerne, Haferflocken, Samen, Mandeln, Leinsaat, Nüsse und eventuell die Rosinen nacheinander in eine Kastenform geben. Öl, Wasser, Salz und Agavendicksaft darübergießen und alles ordentlich verrühren und mit einem Löffel glatt streichen.
Kastenform mit einem Tuch abdecken und ca. 2 Stunden an einem trockenen, warmen Platz quellen lassen.
Währendessen den Backofen auf 180 °C vorheizen. Kastenform nach dem Quellen in den Ofen geben und 20 Minuten backen. Dann herausnehmen und auf ein mit Backpapier belegtes Blech stürzen. Blech wieder in den Ofen schieben und Brot weitere 45 Minuten backen.

Tipp: Wer es ein wenig fruchtiger mag, kann noch etwas getrocknete Früchte untermischen. Diese unbedingt in sehr kleine Stücke schneiden.

ZUTATEN FÜR EIN BROT

- 1 Tasse Sonnenblumenkerne
- 1 ½ Tassen Haferflocken
- 4 EL Flohsamenschalen
- 3 EL Chiasamen
- ½ Tasse Mandeln
- ½ Tasse Leinsaat
- ½ Tasse Nüsse
- 2 EL Rosinen nach Belieben
- 2 TL Öl
- 350 ml Wasser
- 1 TL Salz
- 1–2 TL Agavendicksaft oder Honig

ERFOLGS-GESCHICHTE

SABINE S.

Sabine kenne ich seit fast sechs Jahren. Sie war eines der ersten Mitglieder in meinem Abnehmstudio. Sie ist sehr fleißig und mindestens dreimal die Woche beim Training. Mittlerweile ist sie fester Bestandteil bei unseren Veranstaltungen. Sie hilft bei der Organisation und hat vor ein paar Jahren auch damit angefangen, das Vollkornbrot für die Veranstaltungen zu backen. Schnell wollten dann alle das Rezept haben und mittlerweile gehört dieses Brot einfach zu unseren Veranstaltungen dazu. Sabine hat das BBC bereits ganz am Anfang getestet und ist eine begeisterte BBClerin geworden.

SABINES VOLLKORNBROT

ZUTATEN FÜR EIN BROT

- 500 g Vollkornmehl
- 250 g Weizenschrot
- 250 g Roggenschrot
- 1 EL Salz
- 100 g Rübenkraut
- 2 Würfel Hefe
- 1 Liter Buttermilch
- 125 g Sesam
- 125 g Leinsamen
- 100 g Sonnenblumenkerne (oder Nüsse)

Backofen auf 150 °C vorheizen. Alle Zutaten in einer Schüssel gut vermischen und in eine gefettete große Kastenform füllen. 3–3 ½ Stunden im Ofen backen.

ERFOLGSGESCHICHTE

MARION K.

NACH 21 TAGEN:

Gewicht: –4 kg

ERGEBNIS

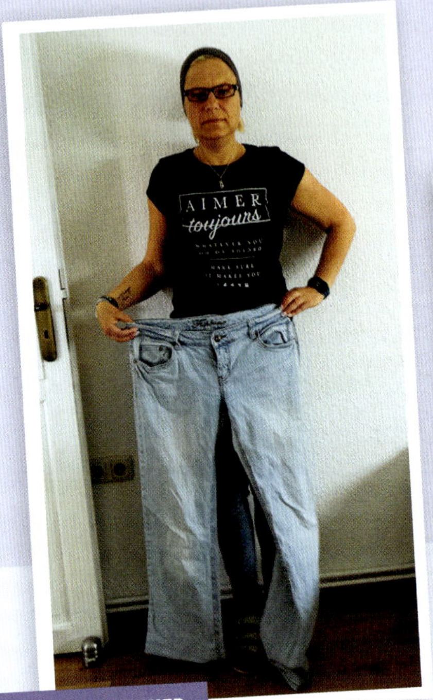

VORHER/NACHHER

NACHHER

Marion ist 45 Jahre alt und über Facebook auf das Buch *Das Bikini-Bootcamp* aufmerksam geworden. Sie wollte ihrer Gesundheit zuliebe ihre Ernährung umstellen und auch körperlich fitter werden. Das Buch kam da genau zur richtigen Zeit. Bei Amazon betrachtete sie die kostenlose Leseprobe und das, was sie dort las, fesselte sie so sehr, dass sie sich gleich ein Exemplar bestellte.

„Ich habe es zweimal gelesen und bin überzeugt, dass das genau das ist, wonach ich so lange gesucht habe! Ich schloss mich der BBC-Community im Internet an und schon war ich mittendrin. Die Rezepte sind einfach, der Sport ist machbar. Es gibt ein paar Übungen, die ich nicht schaffe, dafür habe ich dann von jenen mehr gemacht, die ich ausführen kann. Ich habe in den 21 Tagen 4 kg und massiv an Umfang verloren. Freunde wollten nicht glauben, dass es so toll funktioniert, aber ich bin der Beweis dafür.

Ich habe die Umstellung beim Essen verinnerlicht und bin stolz darauf, mein Leben mit dem Buch nach meinen Wünschen verändert zu haben."

MANDEL-MÖHREN-KUCHEN

Backofen auf 160 °C vorheizen.
Möhren putzen, waschen und fein reiben. Eier trennen. Eigelb in einer Schüssel schaumig rühren, Möhren unterrühren. Eiweiß in einer Schüssel steif schlagen und unter die Möhrenmasse heben. Zitrone gut waschen und 1 TL Schale abreiben, 1 TL Saft auspressen, beides mit den restlichen Zutaten zu der Möhren-Ei-Masse geben und gut verrühren. Eine Kasten-Backform leicht einfetten und den Teig hineingeben und glatt streichen. Form in den Ofen schieben und Kuchen ca. 1 Stunde backen. Mit dem Stäbchentest kontrollieren, ob der Kuchen fertig ist, sonst noch etwas im Ofen lassen.

Tipp: Für einen besonderen Biss kannst du noch 1 Packung gehackte Mandeln auf den Kuchen streuen. Der Kuchen lässt sich gut portionsweise einfrieren.

ZUTATEN

- 250 g Möhren
- 5 Eier
- 1 Bio-Zitrone
- 250 g gemahlene Mandeln
- 2 EL Kirschsaft

ERFOLGS-GESCHICHTE

JANINA K.

ALTER: 27 JAHRE
BERUF: PHYSIO-THERAPEUTIN

Janina K. ist 27 Jahre alt, Physiotherapeutin und hat mit dem BBC 7 kg abgenommen. Vor allem aber hat sie dadurch ein neues Lebensgefühl bekommen. Sie fühlt sich so gesund und fit wie schon lange nicht mehr. Durch das BBC sind ihr viele neue Ideen für gesunde Rezepte eingefallen und so sind auch diese Muffins entstanden.

VORHER

NACHHER

ERGEBNIS

Gewicht: –7 kg

JANINAS GESUNDE MUFFINS

ZUTATEN FÜR 6 STÜCK

- 2 Eier
- 15 g Vanille-Whey-Protein-pulver
- oder statdessen:
- 15 g Mehl (Dinkelvollkorn-, Kokos- oder Mandelmehl)
- 1 EL Dinkelvollkornmehl
- 1 TL Agavendicksaft nach Belieben
- Obst nach Belieben

Backofen auf 170 °C vorheizen.
Alle Zutaten in einer Schüssel vermischen, bis die Masse schön cremig ist. Danach Teig in die gefetteten Muffinförmchen füllen und nach Belieben etwas frisches Obst darauflegen. Form in den Ofen schieben und 15–20 Minuten backen.

Tipp: Muffins nicht zu lange im Ofen lassen, sonst werden sie trocken.

Alternativen: mit Streusel: 3 EL Haferflocken mit 1 TL Honig verrühren. Streusel auf die noch nicht gebackenen Muffins geben.
die herzhaften: statt Agavendicksaft und Obst Kräuter, Schafskäse oder Lachsschinken verwenden.

HAFERTALER MIT BANANE UND ZIMT

ZUTATEN

- 1 Banane
- 75 g Haferflocken
- 8 Cranberrys
- ½ TL Butter

Backofen auf 180 °C vorheizen.
Banane schälen und in einer Schüssel zerdrücken, mit den restlichen Zutaten gut vermischen. Mit einem Löffel etwas Teig ausstechen und auf ein mit einem Backpapier belegtes Blech geben. Etwas andrücken. Blech in den Ofen schieben und Taler ca. 15 Minuten backen.

DAS KLEINE 1 X 1 DER SMOOTHIES

Ein Smoothie am Morgen ist schnell gemacht, schmeckt und gibt einem die Power für den Start in den Tag. Anfänglich kann man sich vielleicht nicht vorstellen, seine geliebte Scheibe Brot gegen einen Smoothie zu tauschen. Wagt man es doch, merkt man schnell, dass diese farbenprächtigen Drinks toll schmecken und man sich nach einigen Tagen richtig gut damit fühlt. Die Gründe liegen auf der Hand: Jede Menge Vitamine, Aminosäuren, Spurenelemente, Mineralstoffe, sekundäre Pflanzenstoffe und viele Ballaststoffe sind darin enthalten. Die Ballaststoffe sind ausgezeichnete Helfer beim Abnehmen, da sie die Verdauung anregen und vor allem schnell und lange satt machen. Das liegt daran, dass sie das Volumen der Nahrung vergrößern und dabei unverdaut bleiben.

Aber keine Panik, nicht jeden Tag muss ein Smoothie auf dem Speiseplan stehen. Schon zwei bis drei pro Woche wären ein großer Schritt in Richtung ausgewogene und gesunde Ernährung.
Damit die Smoothies auch gelingen, also die Konsistenz stimmt, die Farbe ansprechend ist und der Geschmack einen begeistert, ist es wichtig, einige Grundregeln der Smoothiezubereitung zu kennen.

Bei den reinen Obst-Smoohies kann man fast nichts falsch machen. Einfach Obst waschen oder schälen, entkernen, klein schneiden und in einem Mixer fein pürieren.
Etwas anders verhält es sich mit den grünen Smoothies. Hier sollte man das Mischverhältnis von Obst und Gemüse beachten: 50 Prozent grünes Gemüse und 50 Prozent Obst sind eine gute Mischung. Obst sorgt für den süßen Geschmack, grünes Gemüse gibt dem Smoothie die tolle Farbe.

BEI DER ZUBEREITUNG DEINER SMOOTHIES GEHST DU AM BESTEN FOLGENDERMASSEN VOR:

- Wähle dein grünes Gemüse aus, zum Beispiel Spinat, Salat, Gurke, Grünkohl, Brokkoli, Rucola, Mangold oder grüne Paprika.
- Jetzt suchst du dir deine Obstfavoriten aus, zum Beispiel Banane, Birne, Ananas, Erdbeeren, Himbeeren, Orange, Apfel, Mango, Weintrauben, Kiwi oder Passionsfrucht.
- Zum Verdünnen kannst du zum Beispiel Wasser, Kokoswasser, Tee, ungesüßte Mandelmilch, Reismilch, Hafermilch, Buttermilch oder normale Milch mit 1,5 % Fett verwenden.
- Wenn du möchtest, kannst du noch eine kleine Menge eines oder mehrerer Superfoods, zum Beispiel Matcha, Ingwer, Chiasamen, Flohsamenschalenpulver oder Leinsamen, dazugeben.

APFEL-SMOOTHIE MIT ZIMT

ZUTATEN

- 1 grüner Apfel
- 10 Mandeln
- Mark einer ½ Vanilleschote
- 1 Prise Zimt
- 200 ml Mandel- oder Hafermilch
- 1 TL Agavendicksaft nach Belieben

Apfel schälen, Kerngehäuse entfernen und Fruchtfleisch in Stücke schneiden.
Alle Zutaten in den Mixer geben und so lange pürieren, bis der Smoothie eine sämige Konsistenz hat. In ein Glas gießen und genießen.

Tipp: Hübsch sieht es aus, wenn du den Smoothie mit den Apfelschalen und etwas Zimt dekorierst.

BROMBEERIGER SMOOTHIE

ZUTATEN

- 1 Handvoll Brombeeren (frisch oder TK)
- 1 Passionsfrucht
- 1 kleine Banane
- 1 TL Limettensaft
- 150 ml Wasser
- 4–5 Eiswürfel (nur bei frischen Brombeeren)

Brombeeren waschen, Passionsfrucht halbieren und Fruchtfleisch herauslösen, Banane schälen und in Stücke schneiden. Alle Zutaten in den Mixer geben und so lange pürieren, bis der Smoothie eine sämige Konsistenz hat. In ein Glas gießen und genießen.

DER HANFEIWEISS-SMOOTHIE

ZUTATEN

- 1 kleine Banane
- 1 Orange
- 1 gelbe Kiwi
- 1 EL Hanfeiweißpulver
- 1 TL Chiasamen
- 100 ml Wasser
- 1 TL Agavendicksaft nach Belieben

Banane, Orange und Kiwi schälen und in Stücke schneiden.
Alle Zutaten in den Mixer geben und so lange pürieren, bis der Smoothie eine sämige Konsistenz hat. In ein Glas gießen und genießen.

GRÜNES WINTER-SMOOTHIE-DESSERT MIT VANILLEHÄUBCHEN

ZUTATEN

Für den Smoothie:

- 1 grüner Apfel
- ½ reife Banane
- 1 Handvoll Feldsalat
- 1 Prise Zimt
- 2 EL kaltes Wasser

Für das Vanillehäubchen:

- 1 frische Aprikose oder 2 getrocknete Aprikosen
- ½ reife Banane
- Mark einer ½ Vanilleschote
- 1 TL Mandelmus
- 1 EL Wasser
- 2–3 Mandeln nach Belieben

Apfel waschen, Kerngehäuse entfernen und Fruchtfleisch in Stücke schneiden. Banane schälen und klein schneiden. Feldsalat putzen, waschen und trocken schütteln.
Alle Zutaten für den Smoothie in den Mixer geben und so lange pürieren, bis er eine sämige Konsistenz hat. Dann in ein Glas gießen.
Den Mixer gründlich ausspülen. Aprikose waschen und entkernen (getrockenete Aprikosen klein schneiden). Banane schälen und klein schneiden.
Alle Zutaten für das Vanillehäubchen in den Mixer geben und pürieren. Die Masse auf den Smoothie geben und eventuell mit 2–3 Mandeln verzieren.

MANDARINEN-ZIMT-SMOOTHIE MIT INGWER

Mandarinen schälen und zerteilen. Apfel waschen, Kerngehäuse entfernen und Fruchtfleisch in Stücke schneiden. Möhre putzen, waschen und klein schneiden. Ingwer schälen und grob hacken.
Alle Zutaten in den Mixer geben und so lange pürieren, bis der Smoothie eine sämige Konsistenz hat. In ein Glas gießen und genießen.

Tipp: Die Mandarinen können auch durch 2 Orangen ersetzt werden.

ZUTATEN

- 5 Mandarinen
- 1 kleiner süßer Apfel
- 1 Möhre
- 1 cm Ingwer
- 1 TL Limettensaft
- 1 Prise Zimt
- 200 ml Wasser
- 1 TL Agavendicksaft nach Belieben

DER GRÜNE SMOOTHIE MIT GERSTENGRAS

ZUTATEN

- 1 reife Banane
- 1 Pfirsich
- 1 Kiwi
- ½ kleine Gurke
- ½ Stange Sellerie
- 1 Handvoll Blattspinat
- 1 EL Gerstengraspulver
- 100 ml Wasser

Banane schälen, in Stücke schneiden und in der Gefriertruhe anfrieren lassen. Pfirsich waschen, entkernen und ebenfalls anfrieren lassen. Kiwi schälen und halbieren. Gurke schälen und klein schneiden. Sellerie putzen, waschen und klein schneiden. Spinat waschen und trocken schütteln.
Alle Zutaten in den Mixer geben und so lange pürieren, bis der Smoothe eine sämige Konsistenz hat. In ein Glas gießen und genießen.

REZEPTE „TO GO“

Wir erhalten immer wieder das Feedback, dass, wer einmal BBC mitgemacht hat, nicht mehr wahllos zu belegten Broten, Fertigsalaten oder anderen Snacks greifen möchte. Zum Glück gibt es viele Möglichkeiten, sein Essen für unterwegs gesund zu gestalten. Warum sollten wir auch immer wieder in die gleiche Falle tappen und etwas essen, das uns nicht schmeckt, uns schwer im Magen liegt und uns energielos macht?
Abwechslungsreich, sehr lecker, leicht, schnell zuzubereiten und sättigend sind unsere To-go-Mahlzeiten. Und eines kommt noch dazu: Sie sind auch viel preiswerter als Sandwiches oder Snacks vom Imbiss oder aus der Bäckerei!

SCHARFE GEMÜSESUPPE TO GO

ZUTATEN

- 1 kleine Möhre
- 3 Frühlingszwiebeln
- 1 cm Ingwer
- ½ rote Chilischote
- 1 Handvoll Babyspinat
- 80 g Tofu
- 1 TL Gemüsebrühe (Pulver)
- 1 TL Sojasauce
- 2 EL Erbsen (TK)
- 1 EL Sesam

Möhre und Frühlingszwiebeln putzen, waschen, ganz fein schneiden und in ein verschließbares Glas geben.
Ingwer schälen und klein hacken, Chilischote putzen, waschen und klein hacken. Spinat waschen, trocken schütteln und klein zupfen. Tofu klein würfeln und auf das Gemüse im Glas geben. Den Ingwer und die gehackte Chilischote auf den Tofu legen. Danach das Gemüsebrühepulver, die Sojasauce, die Erbsen und den Spinat daraufgeben. Mit Sesam bestreuen, das Glas verschließen und in den Kühlschrank stellen.
Kurz vor dem Verzehr alle Zutaten mit ca. 300 ml sprudelnd kochendem Wasser übergießen und das Glas verschließen. Kräftig schütteln und ein paar Minuten ziehen lassen. Guten Appetit!

Tipp: Wer das Gemüse nicht so knackig mag, kann es vorher etwas in einer Pfanne mit Öl anbraten.

SILKES KNACKIGER SALAT TO GO

ZUTATEN

Für den Salat:
- 50 g Kichererbsen (Abtropfgewicht)
- 1 Handvoll Kirschtomaten
- 1 kleine Salatgurke
- 1 gelbe oder rote Paprika
- 1 Mini-Romana-Salat
- 70 g Thunfisch
- 4 schwarze Oliven (entkernt)

Für die Vinaigrette:
- 1 TL Öl
- 1 TL Zitronensaft
- 1 TL Orangensaft
- ½ TL Senf (mittelscharf)
- Salz, Pfeffer

Aus Öl, Zitronensaft, Orangensaft, Senf, Salz und Pfeffer in einer Schüssel eine Vinaigrette herstellen und in ein Glas gießen. Kichererbsen in ein Sieb abgießen, mit kaltem Wasser abbrausen und abtropfen lassen. Tomaten, Gurke und Paprika putzen, waschen und klein schneiden. Salat waschen, trocken schütteln und klein zupfen.
Als Erstes nach der Vinaigrette die Kichererbsen in das Glas füllen, dann die restlichen Zutaten schichtweise einfüllen, das Glas verschließen und kühl stellen.

Kurz vor dem Verzehr das Glas öffnen, den Salat auf einen großen Teller schütten und die Zutaten gut vermengen. Guten Appetit!

Tipp: Wer den Salat aus dem Glas essen möchte, schüttelt das Glas vor dem Verzehr gut durch, damit sich die Vinaigrette unter die Zutaten mischt.

Für Vegetarier: Statt des Thunfischs können Vegetarier 50 g Schafskäse verwenden.

BULGURSALAT MIT RIND TO GO

ZUTATEN

- 100 ml Gemüsebrühe
- 50 g Bulgur
- 1 TL Öl
- 100 g Tatar oder Rinderhackfleisch Salz
- Salz
- Pfeffer
- 1 Messerspitze Chiliflocken
- 1 kleine Gurke
- 1 kleine rote oder gelbe Paprika
- 2 Kirschtomaten
- 1–2 Frühlingszwiebeln
- 2 Stängel Petersilie
- 2 TL Zitronensaft
- 1 EL Orangensaft

Gemüsebrühe in einem Topf aufkochen und Bulgur einrühren. Topf vom Herd nehmen und Bulgur zugedeckt etwas quellen lassen.
½ TL Öl in eine Pfanne geben und Tatar bei schwacher Hitze gut durchbraten. Sobald es braun wird, mit Salz, Pfeffer und Chiliflocken würzen und vom Herd nehmen.
Während des Bratens das Gemüse putzen, waschen und in ganz feine Stücke schneiden. Petersilie waschen, trocken schütteln und fein hacken.
Zitronen- und Orangensaft, restliches Öl und Salz in einer Schüssel zu einer Vinaigrette verrühren und in das Glas gießen. Bulgur darübergeben und nacheinander Gemüse, Tatar und Petersilie einfüllen.
Das Glas verschließen und über Nacht in den Kühlschrank stellen.
Kurz vor dem Verzehr das Glas öffnen, den Salat auf einen großen Teller schütten und die Zutaten gut vermengen. Guten Appetit!

Tipp: Wer den Salat aus dem Glas essen möchte, gibt alle Zutaten zunächst in eine Schüssel, verrührt alles ordentlich und füllt den Salat dann in das Glas. Über Nacht in den Kühlschrank stellen.

Für Vegetarier: Wer kein Fleisch mag, verwendet geräucherten Tofu anstelle des Hackfleischs.

ERFOLGS-GESCHICHTE

INGE R.

ALTER: 53 JAHRE
WOHNORT: RAESFELD
BERUF: KAUFMÄNNISCHE ANGESTELLTE

VORHER

NACHHER

Welche Gründe hattest du, mit dem BBC zu starten?
Die vielen Erfolgsgeschichten haben mich dazu animiert.

Was unterscheidet das BBC von anderen Abnehmprogrammen?
BBC ist keine Diät, sondern eine Ernährungsumstellung. Man muss auf nichts verzichten.

Was gefällt dir am besten?
Die ausführliche Erklärung im Buch über die verschiedenen Lebensmittel. Ich hatte noch nie vorher Couscous, Quinoa oder Hirse gegessen. Geholfen hat mir die Motivation der Gruppe.

Was hat sich in deinem Leben geändert?
Ich bin selbstbewusster und kleide mich jugendlicher. Es gibt aber auch Neider.

Welche Erkenntnisse nimmst du mit?
Dass man essen muss, um abzunehmen, und dass man sich auch mit wenig Kalorien satt essen kann und nicht hungern muss. Aber auch, dass man was tun muss. Ohne Bewegung baut man Muskeln statt Fett ab.

Mit welchen Argumenten könntest du eine Freundin fürs BBC gewinnen?
Es ist keine Diät und funktioniert trotzdem, man muss nicht hungern und die Rezepte schmecken einfach toll.

Wie hast du dich nach einem Durchhänger wieder auf die richtige Spur gebracht?
Beim ersten Durchhänger habe ich es schleifen lassen und die Waage hat mich wieder auf den Boden zurückgeholt. Ich habe mir dann schicke Klamotten angeguckt und gesagt, dass ich die irgendwann tragen will.

Ist das BBC auch familien- und partnertauglich?
Auf jeden Fall. Man kann immer noch was zusätzlich machen oder etwas abwandeln.

Welche Tipps würdest du BBC-Einsteigern geben?
Einfach drauf einlassen ohne Ausreden. Wer abnehmen will, muss was tun. Ohne geht's nicht.

ERGEBNISSE

NACH 21 TAGEN:

Gewicht: –5 kg
Umfang Bauch: –8 cm
Umfang Oberschenkel: –2 cm
Kleidergröße: von 42 auf 40

ERFOLGS-GESCHICHTE

FRIEDERIKE UND MICHAEL S.

ALTER: 32 UND 36 JAHRE
WOHNORT: BERGISCH GLADBACH

Kurz nach der Geburt unseres Kindes wollten mein Mann und ich dieses Experiment BBC angehen. Kinderbedingt waren uns nur zehn Tage intensives Training möglich, aber an die Ernährungsvorgaben haben wir uns gehalten.

ERGEBNISSE

NACH 21 TAGEN:

Gewicht beide: –4 kg
Umfang Bauch: – 2 cm
Kleidergröße: Friederike von 38 auf 36, Michael von 58 auf 110 (schlanke 56)

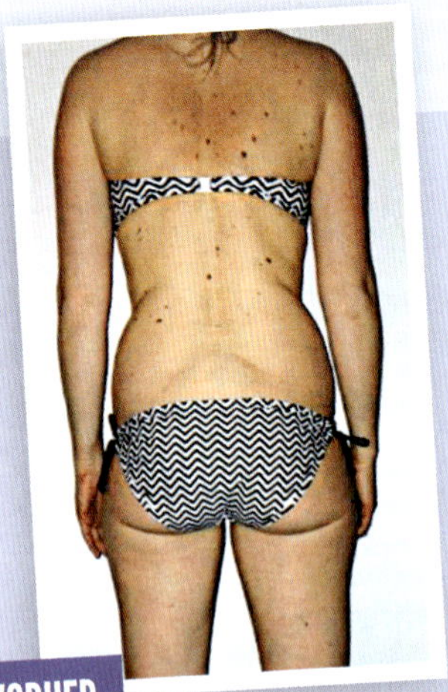

VORHER

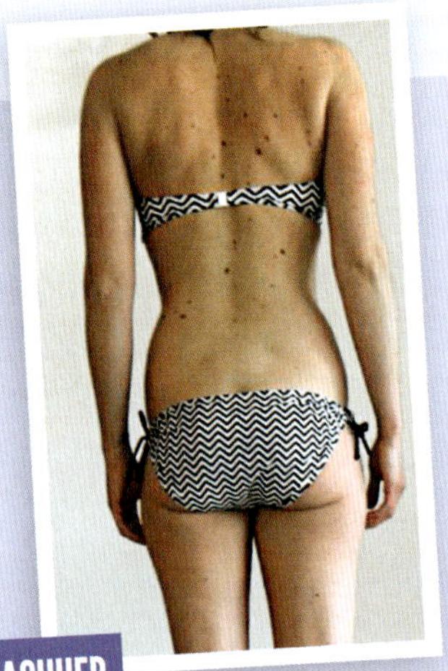

NACHHER

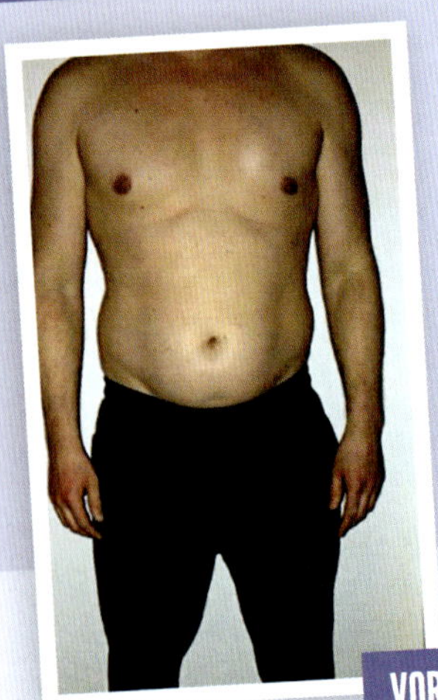

VORHER

NACHHER

ERFOLGS-GESCHICHTE

SONJA H.

ALTER: 39 JAHRE
WOHNORT: KÖLN

VORHER

NACHHER

Ich bin seit etwa sechs Jahren übergewichtig mit einem Höchstgewicht von 117 kg im September 2015. Daraufhin habe ich in sieben Monaten auf eigene Faust knapp 12 kg abgenommen, was man aber von außen kaum erkennen konnte. Im April 2016 habe ich das erste Mal an einem active weekend mit Silke und Heiner teilgenommen, den Sport für mich entdeckt und mich an die Ernährung sowie das Sportprogramm des BBC gehalten. Seitdem habe ich weitere 15 kg abgenommen und meinen Umfang deutlich reduziert (insgesamt um 76 cm). Endlich sieht man es und der Sport ist Teil meines Alltags geworden!

ERGEBNIS

Gewicht: –15 kg

ERFOLGSGESCHICHTE

ANNE S.

ALTER: 26 JAHRE
WOHNORT: ERLANGEN
BERUF: KRANKENSCHWESTER

Wie bist du auf das BBC aufmerksam geworden?
Durch Facebook.

Welche Gründe hattest du, mit dem BBC zu starten?
Um zu erfahren, ob es möglich ist, auch mit Normalgewicht seinen Körper zu verändern und zu stärken. Ich wollte fitter werden und mir einen gesünderen Lebensstil aneignen.

Was unterscheidet das BBC von anderen Abnehmprogrammen?
Man wird von Beginn an schon sehr gut vorbereitet auf die 21 Tage. Man muss nicht hungern. Es gibt täglich drei Mahlzeiten, die sehr gut sättigen. Der Fokus liegt auch beim täglichen Training. Das kann man alles zu Hause durchführen.

Was ist dir besonders schwergefallen?
Das Vorkochen der Mahlzeiten. Und das tägliche Sportprogramm richtig durchzuführen trotz Schichtarbeit als Krankenschwester. Aber ich habe nun meinen eigenen Rhythmus gefunden, wie ich mir das BBC einteile. Mir ist es von Tag zu Tag leichter gefallen. Es hat mir auch viel Freude bereitet, mit dem Buch zu arbeiten. Meine Familie hat mich dabei sehr unterstützt.

Was gefällt dir am besten?
Die DVD mit Silke. Sie motiviert einfach toll und gibt einem das Gefühl, dass sie live dabei ist.

Was hat sich in deinem Leben geändert?
Ich bin viel sportlicher geworden und habe mehr Durchhaltevermögen. Ich habe auch gelernt, mich bewusster zu ernähren und mehr auf meinen Körper zu hören.

Welche Erkenntnisse nimmst du mit?
Ich habe viele leckere, tolle und gesunde Rezepte entdeckt. Das tägliche Sportprogramm für den ganzen Körper mit Silke ist großartig. Es reicht, sich wöchentlich zu wiegen und zu messen. Und man kann beim Abnehmen jede Menge Spaß haben.

Wie hast du dich nach einem Durchhänger wieder auf die richtige Spur gebracht?
Wichtig ist, sich abzulenken: mit dem Hund rausgehen, joggen, in der Natur oder im Studio. Mit Freunden etwas unternehmen, Musik hören, eine schöne DVD ansehen, Wellness machen oder ins Schwimmbad gehen.

Ist das BBC auch familien- und partnertauglich?
Ja, auf jeden Fall.

Wie hat dich dein Umfeld unterstützt?
Einigen ist es aufgefallen. Sie meinten, ich sei im Gesicht schmaler geworden. Auch dass ich mehr Kraft habe, ist meinem Umfeld aufgefallen. Ich wurde auch sehr von meiner Familie unterstützt und habe viele Komplimente von meinen Freunden und meiner Familie bekommen. Ich bin selbstbewusster geworden und ich traue mir sportlich viel mehr zu.

VORHER

Welche Tipps würdest du BBC-Einsteigern geben?

Erst mal alles auf sich zukommen zu lassen. Ganz wichtig. nicht zwischendurch wiegen, nur zu den angegebenen Wiegetagen. Langsam mit dem Sportprogramm beginnen. Nicht unter Druck setzen. Dem Körper auch mal eine Pause gönnen.

NACHHER

ERGEBNISSE

NACH 21 TAGEN:

Gewicht: –4,8 kg
Umfang Bauch: –4 cm
Umfang Oberschenkel: –2,5 cm
Kleidergröße: 36 auf 34

TEIL 6

ERNÄHRUNGS-TIPPS „ON TOP“

Wir haben in unserem ersten Buch ***Das Bikini-Bootcamp*** schon sehr viele Ernährungstipps gegeben und sind auf häufige Unklarheiten eingegangen. Später, in der Arbeit mit den Teilnehmern des Bikini-Bootcamps, haben wir bemerkt, dass viele Fragen zur Ernährung dennoch immer wieder aufkommen. Die wichtigsten und am häufigsten geäußerten Fragen haben wir im Folgenden zu einzelnen Unterkapiteln verarbeitet.

MELONE – EIN GEMÜSE, DAS WIE OBST AUSSIEHT

Was denn nun – ist die Melone eine Frucht oder ein Gemüse? Es kommt darauf an. Nach der Lebensmitteldefinition wären Melonen ein Gemüse. In der botanischen Eingliederung gelten sie als Obst, da es sich um eine aus einer bestäubten Blüte hervorgegangene Frucht handelt. Wir folgen der Lebensmitteldefinition, Melonen sind also Gemüse und gehören zu den Kürbisgewächsen. Für uns spielen nur zwei Sorten eine Rolle, die Wassermelone und die Honigmelone. Die Wassermelone ist eine ideale Begleiterin für heiße Tage, da sie zu über 90 Prozent aus Wasser besteht und nur ca. 30 kcal je 100 Gramm enthält.

Am Beispiel der Wassermelone lässt sich sehr schön die beschränkte Aussagekraft des glykämischen Index (GI) zeigen. Die Wassermelone hat einen hohen glykämischen Index, das heißt, ihre Kohlenhydrate wirken sich stark auf den Blutzuckerspiegel aus. Da die Wassermelone aber nur sehr wenig von diesen „schnellen" Kohlenhydraten enthält, weil sie größtenteils aus Wasser besteht, ergibt sich trotz allem eine sehr niedrige glykämische Last, das heißt nur ein schwacher Blutzuckeranstieg. Somit kann die Wassermelone ohne Reue gegessen werden.

GERSTENGRAS – EIN EINHEIMISCHES SUPERFOOD

Superfood – das klingt toll. Doch was steckt genau dahinter? Zunächst handelt es sich um einen Begriff aus der Marketingabteilung vieler Lebensmittelproduzenten. Gemeint sind damit besonders nährstoffreiche Produkte, welche einen positiven Effekt auf unser Wohlbefinden haben sollen. Viele dieser Wirkungen haben sich in wissenschaftlichen Studien bestätigt, leider aber nur im Reagenzglas. Oft fehlt bisher jeder Nachweis, dass die Heidelbeere wirklich Krebszellen töten kann oder Zimt den Blutzucker senkt. Andere Eigenschaften sind allerdings unbestritten, zum Beispiel der hohe Proteingehalt von Chiasamen oder der hohe Vitamingehalt von Gojibeeren. Leider müssen diese Produkte über Tausende von Kilometern transportiert werden und erzeugen so eine erhebliche CO_2-Belastung. Daher ist es sinnvoll, einmal zu prüfen, ob es nicht auch

bei uns solche Superfoods gibt. Als günstige Alternative zum Chiasamen bietet sich zum Beispiel der einheimische Leinsamen an. Er ist ähnlich gehaltvoll, weist aber eine wesentlich bessere CO_2-Bilanz auf.
Wir wollen uns daher mit einem Nahrungsmittel beschäftigen, das noch relativ unbekannt ist, dem Gerstengras. Gerstengras wird geerntet, wenn die jungen Gerstenpflanzen ca. 15 cm hoch sind und die Konzentration der Inhaltsstoffe am höchsten ist. Danach werden die Gräser getrocknet und gemahlen. Das Gerstengraspulver ist extrem nährstoffreich. Es enthält mehr Vitamin C als Zitrusfrüchte, mehr Kalzium als Milch und sehr viel B-Vitamine. Es ist also ein sehr wertvolles Nahrungsergänzungsmittel und eignet sich ideal für grüne Smoothies, da es leicht grünlich ist und nach Spinat schmeckt. Ein Rezept damit findest du auf Seite 165.

HANFEIWEISS – EINE ALTERNATIVE ZUM MOLKEEIWEISS

Wer Molkeeiweiß zur zusätzlichen Versorgung mit Proteinen nicht verträgt, erhält mit Hanfeiweiß eine optimale Alternative, um seinen Smoothie oder sein Müsli besonders proteinreich zu gestalten.
Auch Hanfsamen ist eines der weniger bekannten heimischen Superfoods. Er weist einen Eiweißanteil von ca. 25 Prozent auf und besticht zudem durch einen hohen Gehalt an ungesättigten Fettsäuren, besonders den wertvollen Omegafettsäuren. Hanfprotein ist leicht verdaulich und durch seine hohe biologische Wertigkeit dem menschlichen Proteinmuster sehr ähnlich, also gut zu verstoffwechseln.
Wer eine vegane Alternative zu Molkeprotein (Wheyprotein) sucht, ist mit Hanfeiweiß bestens versorgt.

SUPERFOOD ODER DICKMACHER – WAS IST DRIN ODER DRAN AN DER KARTOFFEL?

Die Kartoffel kam ca. 1550 erstmals nach Europa, anfänglich als Zierpflanze. Da sie als Nachtschattengewächs einige Giftstoffe enthält, starben zunächst nicht wenige Menschen, nachdem sie die überirdischen Pflanzenteile verzehrt hatten.

Wir aber erfreuen uns an der unter der Erde wachsenden Knolle, die ein wahres Superfood ist. Mit 70 kcal pro 100 g weist die Kartoffel viel weniger Kalorien auf als Reis oder Nudeln. Sie ist reich an Spurenelementen und Vitaminen und sättigt außerdem sehr gut.
Kartoffeln erhöhen in Verbindung mit eiweißhaltigen Lebensmitteln die biologische Wertigkeit des Eiweißes deutlich. Das heißt zum Beispiel, dass die Proteine in einem Kartoffel-Ei-Gericht besonders gut verstoffwechselt werden können. Unsere gute alte Kartoffel ist also bei normalem Konsum alles andere als ein böser Dickmacher.
Anders sieht es hingegen für frittierte oder in Fett gebratene Kartoffeln aus. Pommes, Bratkartoffeln oder Rösti haben bis zu 300 kcal pro 100 g. Mit diesen Gerichten sollte man also sehr bewusst und sparsam umgehen.

CLEAN EATING – WAS IST DAS?

Sauberes Essen – wer will das nicht? Nahrung, die unsere Vorfahren auch als solche erkannt hätten, also ohne Zusatzstoffe und mit wenig Zucker. Vollwert statt Fast Food und Bio statt Gentechnik.
All das verbirgt sich hinter dem Begriff „Clean Eating“. Wie viele Bewegungen kommt auch diese über den großen Teich zu uns und findet auch hier mehr und mehr Anhänger. Wer sich ein wenig auskennt, weiß aber, dass das dahinter verborgene Ernährungskonzept bei uns schon lange bekannt ist. Nur heißt es hier weniger hip „biologisch wertvolle Ernährung“ oder „Vollwertkost“ und verbreitete sich im Zuge der Bio-Bewegung, die in den 80er Jahren eingesetzt hat.
Die wichtigsten Merkmale des Clean Eating sind: unverarbeitete Produkte ohne Zusatzstoffe wie künstliche Aromen oder Geschmacksverstärker, überwiegend komplexe Kohlenhydrate sowie biologisch hochwertige Proteine, der Verzicht auf Alkohol sowie gesättigte Fettsäuren in Wurstwaren oder Streichfetten sowie das Trinken von zwei bis drei Litern Wasser oder Tee pro Tag.
Fazit: Genau so sollte eine sinnvolle Ernährung eigentlich aussehen. Wer die Rezepte unseres Buches liest, wird viele Übereinstimmungen erkennen. Nur sind solche Grundsätze für uns selbstverständlich und müssen nicht mit einem neumodischen Begriff versehen werden.

BUTTER ODER MARGARINE?

Heute nehmen Diskussionen um die Vor- oder Nachteile bestimmter Lebensmittel fast schon die Dimension von Glaubenskriegen an. So auch die Frage, was der gesündere Brotaufstrich ist: Butter oder Margarine. Schauen wir uns die beiden Protagonisten einmal näher an. Butter ist

ein Naturprodukt und besteht zu 82 Prozent aus Fett. Der Rest sind Wasser und Milcheiweiß sowie die fettlöslichen Vitamine A, D, E und K. Das Fett der Butter besteht aus gesättigten Fettsäuren und Cholesterin. Beides stand bis vor einiger Zeit im Verdacht, Herz-Kreislauf-Erkrankungen zu verursachen. Inzwischen sagt die Datenlage aber etwas anderes aus. Einen gesicherten Zusammenhang zwischen der Aufnahme von gesättigten Fettsäuren und der Entstehung von Herzkrankheiten gibt es nicht.
Margarine hingegen ist ein reines Kunstprodukt und wurde einst für das Heer Napoleons geschaffen, um die Soldaten gerade im Winter mit energiereicher Kost zu versorgen. Sie besteht aus Pflanzenölen, Fetten, Wasser und Emulgatoren, die zugesetzt werden müssen, damit sich das Wasser mit den Fetten verbindet. Zur Farbgebung nimmt man Betakarotin. Margarine ist cholesterinfrei und oft auch vegan, enthält aber auch gesättigte Fettsäuren wie die Butter sowie sogenannte Transfettsäuren, die unseren Gehalt an schädlichem LDL-Cholesterin beeinflussen.
Wie endet nun der Vergleich? Butter enthält mit 750 kcal pro 100 g nur unwesentlich mehr Energie als Margarine, die auf 720 kcal kommt. Butter ist allerdings das natürlichere Produkt, da es insbesondere keine Transfettsäuren enthält, und daher der Margarine vorzuziehen.

KOKOSÖL – EIN NEUES FERKEL WIRD DURCHS DORF GETRIEBEN

Alle Jahre wieder wird irgendein Lebensmittel dank intensiver Bewerbung zum Superfood hochstilisiert. So erging es auch dem Kokosöl, dem Öl der Kokosfrucht, aus deren Fleisch es gewonnen wird.
Kokosöl besteht zu etwa 85 bis 90 Prozent aus gesättigten Fettsäuren, weshalb es sich sehr gut zum Braten eignet, da es hoch erhitzt werden kann. Zusätzlich enthält es in geringem Maße Spurenelemente wie Eisen, Kupfer und Magnesium.

Angeblich soll es eine positive Wirkung bei der Alzheimer- und der Parkinson-Krankheit aufweisen. Auch Gelenkbeschwerden sowie Fettstoffwechselstörungen sollen damit günstig beeinflusst werden. Diese behaupteten Wirkungen deuten auf ein Superfood hin, das viele unserer gesundheitlichen Probleme zumindest günstig beeinflusst.

Schaut man allerdings genauer hin, so stimmt nichts von alldem. Die angeführten „Studien" sind nichts anderes als Annahmen, die geschickt als Studien vermittelt werden.
Außerhalb der Küche findet Kokosöl Anwendung in der Kosmetik als Grundlage von Salben, Shampoos oder Seifen sowie als haut- und haarpflegendes Öl im Hausgebrauch.
So reiht sich auch das Kokosöl in die Reihe der im Alltag sehr nützlichen Lebensmittel ein. Das war's dann aber auch, bis ein neues Ferkel durchs Dorf getrieben wird.

DIE GLUTENUNVERTRÄGLICHKEIT

Immer wieder bekommen wir Anfragen, ob unsere Rezepte und die darin verwendeten Nahrungsmittel glutenfrei sind. In Deutschland leidet etwa ein Prozent der Bevölkerung an Zöliakie, einer Glutenunverträglichkeit, die sich durch Blähungen, Bauchschmerzen, aber auch durch Haut- oder Gelenkbeschwerden bemerkbar macht. Beim Gluten handelt es sich um ein Eiweißgemisch, das in vielen Getreidesamen, zum Beispiel in Weizen, Hafer oder Dinkel, vorkommt. In den Samen hat es die Aufgabe, die jungen Keimlinge mit Proteinen zu versorgen.
Gluten hat für die Backeigenschaften des Brotes eine zentrale Bedeutung, da die Form des Brotlaibes entscheidend vom Gluten abhängt. Durch konsequentes Weglassen von glutenhaltigen Lebensmitteln bessern sich die Darmbeschwerden der Betroffenen normalerweise in kürzester Zeit.
Sehr schnell geht man heute von einer Glutenunverträglichkeit aus, wenn jemand Darmprobleme hat. Ob Gluten aber tatsächlich für andere Darmbeschwerden als die der Zöliakie verantwortlich ist, ist wissenschaftlich nicht belegt. Auch andere Eiweißverbindungen im Getreide können solche Beschwerden hervorrufen. Die Flut der glutenfreien Lebensmittel, die allerorts angeboten werden, deuten jedenfalls darauf hin, dass sich die Industrie hier einen Hype zunutze gemacht und einen Stoff verteufelt hat, den mittlerweile viele für unerwünscht halten, obwohl er ihnen gar nicht schadet.
Besonders das in Mode gekommene sogenannte Leaky-Gut-Syndrom, also der undichte Darm, der durch Weizen hervorgerufen werden soll, ist ein typisches Beispiel, wie eine naturwissenschaftlich nicht nachgewiesene Erkrankung einen riesigen Markt eröffnet. Leaky Gut soll angeblich Erkrankungen wie Diabetes, multiple Sklerose oder sogar Autismus hervorrufen. Da gibt es Tests, die nichts testen, Medikamente, die nichts nutzen, und natürlich jede Menge Nahrungsmittel, die diese nicht vorhandene Erkrankung heilen sollen.

Unsere Rezepte gewährleisten eine gesunde Mischkost, und dazu gehört auch Getreide, verarbeitet und unverarbeitet. Wer tatsächlich eine Unverträglichkeit gegen bestimmte Getreideprodukte hat, kann diese Nahrungsmittel natürlich austauschen.

DIE LAKTOSEUNVERTRÄGLICHKEIT

15 Prozent der Bewohner Westeuropas leiden an einer Unverträglichkeit des Milchzuckers, der in der Milch aller Säugetiere enthalten ist: Etwa 30 Minuten bis zwei Stunden nach dem Essen ist ihr Bauch schmerzhaft gebläht und sie fühlen sich äußerst unwohl. Das liegt daran, dass sie den Milchzucker, die Laktose, die sie mit der Nahrung aufgenommen haben, nicht verdauen können, weil ihnen hierfür ein Enzym fehlt. Laktose ist ein sogenannter Zweifachzucker und besteht aus je einem Molekül Galaktose und Glukose. Bei den meisten Westeuropäern wird dieser Zucker im Dünndarm durch das Enzym Laktase gespalten und vom Körper aufgenommen. Geschieht dies nicht, gelangt der Milchzucker ungespalten in tiefere Darmabschnitte und wird dort vergoren. Die Folgen sind oben beschrieben.

Das Vorkommen der Laktoseintoleranz folgt in Europa übrigens einem Nord-Süd-Gefälle. Während in Skandinavien nur 2 bis 5 Prozent aller Menschen darunter leiden, sind es in Süditalien bereits über 50 Prozent. Auch mit zunehmendem Lebensalter tritt dieser Enzymmangel häufiger auf. Babys produzieren noch genügend Laktase, auf diese Weise stellt die Natur die Versorgung mit Muttermilch sicher.

Die Behandlung dieses Enzymmangels besteht darin, Milch und Milchprodukte zu meiden. Es gibt inzwischen reichlich laktosefreie Produkte auf dem Markt. Da Milchprodukte sehr viel Kalzium enthalten, muss in diesen Fällen auf ausreichende alternative Kalziumzufuhr geachtet werden. Auch die Einnahme von Laktasetabletten ist möglich.

Unsere Rezepte ermöglichen jederzeit den Austausch von Milchprodukten durch laktosefreie Varianten.

DAS SPIEL MIT DER STATISTIK

ODER WIE AUS UNSERER SALAMI EIN SERIENKILLER GEMACHT WERDEN SOLLTE

Im Herbst 2015 versetzte eine Studie der Internationalen Agentur für Krebsforschung unser Land für einige Tage in helle Aufregung. „Der Verzehr von Wurstwaren steigert das Risiko, an Darmkrebs zu erkranken, um 36 Prozent bei einem täglichen Verzehr von 100 Gramm“, hieß es dort. Vegetarier und Veganer fühlten sich im Sinne von „Das haben wir immer schon gewusst“ bestätigt, doch selbst seriöse Journalisten

überschlugen sich mit immer neuen Horrormeldungen. Sehen wir uns diese Studie aber einmal genauer an. Für eine 40-jährige Frau besteht statistisch ein Risiko von 0,4 Prozent, in den nächsten Jahren an einem Darmkrebs zu erkranken, das heißt, vier von 1000 Frauen dieser Altersgruppe sind gefährdet. Würde diese Frau nun täglich 100 Gramm Wurst essen, stiege ihr Darmkrebsrisiko laut Studie um 36 Prozent, also von 0,4 auf 0,52 Prozent. Das heißt: 5,2 Frauen dieser Altersgruppe wären nun gefährdet. Ein Anstieg von vier auf fünf Betroffene klingt aber bei Weitem nicht so spektakulär wie ein Zuwachs von 36 Prozent. Nachdem sich diese Tatsache herumgesprochen hatte, verschwand die Studie in der verdienten Versenkung.
So wie mit der Wurst wird mit vielen anderen Lebensmitteln verfahren, daher Vorsicht bei vermeintlich seriösen Studien. Auch hier gilt, dass der bewusste Umgang mit einem Lebensmittel wie der Wurst in jedem Ernährungskonzept seinen Platz findet.

VERGESSENE SCHÖNHEITEN – UNSERE HEIMISCHEN KRÄUTER

In Zeiten von Fertignahrung und Fast Food sind unsere einheimischen Kräuter nahezu komplett in Vergessenheit geraten. In letzter Zeit zeigen aber immer mehr Menschen wieder Interesse an Bärlauch, Brennnessel & Co. Schauen wir uns einige dieser würzigen, aber mitunter auch heilsamen Genossen an.
Besonders im Trend ist der Bärlauch, der im Frühjahr in vorwiegend feuchten Gebieten wächst. Wegen seines knoblauchartigen Geschmacks findet er immer mehr Verwendung in Saucen, Pestos und Gewürzmischungen. Am besten schmeckt er frisch geerntet als Salat oder in Form von Bärlauchbutter beim Grillen. Doch Vorsicht: Es besteht Verwechslungsgefahr mit den giftigen Maiglöckchen, deren Blätter nach dem Zerreiben allerdings nicht nach Knoblauch riechen.

Ebenfalls im Frühjahr wächst die Brunnenkresse. Ihr scharf-würziger Geschmack ist ideal, um Frühlingssalaten den nötigen Schwung zu geben. Sie eignet sich ebenso für selbst gemachte Kräuterquarks oder Remouladen.
Der frische, aromatische Geschmack der Brennnessel bereichert nicht nur Salate, Kräuterquarks und Suppen, auch als harntreibender Tee findet die Pflanze immer mehr Beachtung. Geerntet werden nur die

jungen Triebe, da hier die Brennhaare noch nicht so ausgeprägt sind.
Das einheimische Liebstöckel ist eine Bereicherung für die Suppenküche, aber auch für Saucen und Marinaden. Sowohl die Blätter als auch die Samen zeichnen sich durch den typischen „Maggigeschmack" aus. Ähnlich wie die Brennnessel wirkt Liebstöckel entwässernd.
Die Pfefferminze begegnet uns als Begleiter vieler Cocktails, in nordafrikanischen Gerichten wie Tabbouleh und natürlich als wohlschmeckender, krampflösender Tee. Wenn möglich, die frischen Blätter als Teegrundlage verwenden, da die ätherischen Öle bei den Teebeutelzubereitungen teilweise verloren gehen.
All diese Kräuter kann man in der freien Natur sammeln, einfacher ist es natürlich, sie im gut sortierten Handel zu kaufen.

GESCHMACKSVERSTÄRKER

Wenn wir an Geschmacksverstärker denken, fällt uns als Erstes Glutamat ein. Bei fast allen, die sich näher mit Ernährung beschäftigen, gehen hier sofort sämtliche Warnlampen an. Glutamat täuscht einen Geschmack vor, der gar nicht vorhanden ist, zudem schädigt es die Gesundheit und ist eventuell sogar krebserzeugend. Doch ist das wirklich so, zumal Glutaminsäure in fast allen körpereigenen Proteinen steckt, ja sogar in der Muttermilch?

Wir kennen beim Menschen fünf Geschmacksrichtungen, nämlich süß und sauer sowie salzig, bitter und umami (fleischartig). Während wir es ganz natürlich finden, mit Zucker, Salz oder Essig zu würzen, so ist beim Kochen mit Glutamat für den Umamigeschmack eine deutliche Zurückhaltung zu spüren. Umami ist ein Sammelbegriff für herzhaften, angenehmen Geschmack, der auf natürliche Weise durch sehr stark glutaminhaltige Lebensmittel ausgelöst wird. Beispiele dafür sind Parmesan, getrocknete Tomaten, Pilze oder die Sojasauce. Durch Trocknen oder Fermentieren wird der Geschmack noch einmal verstärkt. Erst die wohldosierte Anwendung von Glutamat verleiht vielen Speisen ihren vollen Geschmack. Hierbei verbindet sich der Eigengeschmack des Glutamates mit dem anderer Geschmacksstoffe. Vergleichbar mit dem Salz in der Suppe, macht ein wenig davon die Speise würzig, zu viel – und sie ist versalzen.
Wie gesundheitsschädlich sind aber nun Glutamat und andere Geschmacksverstärker? Hierzu gibt es umfangreiche Stellungnahmen der Europäischen Kommission, der Deutschen Gesellschaft für Ernährung u. a. Alle kommen übereinstimmend zu der Aussage, dass Glutamate für den menschlichen Körper unbedenklich sind, das gilt auch für das Gehirn. Immer wieder tauchen anders lautende Berichte

auf, jedoch meist mit wenig zuverlässigem Charakter. Das eigentliche Problem bei der Verwendung ist, dass der intensive herzhafte Geschmack von zum Beispiel Chips oder Tütensuppen ein enormes Verlangen nach diesen Lebensmitteln auslöst. Hiermit hängt indirekt auch eine Gewichtszunahme zusammen. Besonders Kindern, die frühzeitig an den herzhaften Geschmack dieser Speisen gewöhnt werden, schmecken natürliche Lebensmittel dann oft nicht mehr so gut. Daher ist die Verwendung von Glutamaten in Babynahrung verboten.

Fazit: Die Dosis macht das Gift, das heißt, der bewusste Umgang ist auch hier das Wichtigste.

DER HUNGERSTOFFWECHSEL – UND WARUM ER NICHT ALLEIN FÜR DEN JO-JO-EFFEKT VERANTWORTLICH IST

Wenn über Diäten oder Ernährungskonzepte gesprochen wird, fällt oft der Begriff des Hungerstoffwechsels. Und schnell hat man auch einen Schuldigen gefunden, wenn der nächste Übeltäter auftritt, nämlich der Jo-Jo-Effekt. Schauen wir uns den Hungerstoffwechsel oder die „katabole Stoffwechsellage" einmal genauer an.

Nehmen wir über längere Zeit keine oder nur sehr wenig Energie zu uns, so greift unser Körper auf seine eigenen Energiereserven zurück. Hierbei werden zunächst die gespeicherten Kohlenhydrate aufgebraucht. Danach geht es erst der Muskulatur und dann den Fetten an den Kragen. Folge dieser drastischen Energiereduktion ist ein gedrosselter Grundumsatz. Auf diese Weise spart der Körper Energie, die überlebenswichtig ist. Ein ca. 75 kg schwerer Mensch kann so zwei bis drei Monate überleben.

Der sogenannte Hungerstoffwechsel ist also ein ernster Eingriff in die lebenswichtigen Abläufe unseres Körpers. Man sollte ihn nicht leichtfertig zur Rechtfertigung benutzen, um sein Essverhalten nicht zu verändern.

Wie vermeidet man es nun, bei einer Gewichtsreduktion in die katabole Stoffwechsellage zu geraten? Zum einen sollte die Kalorieneinsparung beim Essen 500 bis 800 kcal pro Tag nicht überschreiten. Weitere Kalorien sollten ausschließlich durch körperliche Arbeit mobilisiert werden. Hierdurch wird verhindert, dass der Stoffwechsel zu stark heruntergefahren wird. Zusätzlich wird durch sportliche Betätigung, insbesondere durch regelmäßiges Krafttraining, dem Muskelabbau vorgebeugt.

Genau diese Fakten berücksichtigen wir bei unserer „Natural Weight Loss"-Methode im Bikini-Bootcamp. Die Mengen sind ausreichend und mit dem „Gemüse all you can eat" hast du die Möglichkeit, auf den kleinen Hunger zwischendurch zu reagieren. So geben wir dem Hungerstoffwechsel und dem Jo-Jo-Effekt keine Chance.

THE DAY AFTER – UND WIE ES NACH DEM BBC WEITERGEHT

Wie der Begriff „Bootcamp" schon besagt, handelt es sich um ein zeitlich begrenztes Intensivprogramm. Dieses hat jedoch das Ziel, den Lebensstil zu ändern und den eigenen Körper wieder mit Liebe und Sorgfalt zu behandeln.
Vielen von euch wird das gelingen. Ihr verliert an Gewicht und werdet durch den regelmäßigen Sport fitter und definierter.
Was kannst du nun aus diesem Camp für deinen Weg in ein aktives und attraktives Leben mitnehmen? Zum einen den kontrollierten Umgang mit Fast- und Junkfood sowie Alkohol. Auch solltest du dich bei nährstoffarmen Süßspeisen weiterhin zurückhalten. Du hast gelernt, auf eine ausgewogene Energiebilanz zu achten. Orientierung bietet dabei der von uns definierte PEU, der persönliche Energieumsatz. Dieser ermöglicht dir nach dem Camp eine schrittweise Erhöhung der Kalorienmenge und – in Verbindung mit sportlicher Betätigung – den Erhalt deines neuen Wunschgewichts.
Und so ermittelst du deinen PEU: Nach Beendigung des Camps notierst du dir deine täglich aufgenommene Kalorienmenge mittels einer der gängigen Apps möglichst genau.
Zusätzlich werden die durch den Sport täglich verbrauchten Kalorien durch eines der gängigen Fitnessdevices festgestellt. Nach 14 Tagen überprüfst du dein Körpergewicht. Ist es weiter gesunken, erhöhst du die Kalorienmenge eine Woche lang um 250 kcal am Tag. Hat sich dein

Gewicht stabilisiert, so entspricht die täglich im Schnitt zugeführte Kalorienmenge deinem persönlichen Energieumsatz, deinem PEU. Das wiederholst du so lange, bis sich dein Gewicht stabilisiert hat. Bei einer Gewichtszunahme verfährst du entsprechend umgekehrt.
Natürlich darfst du zu besonderen Anlässen auch sündigen. Achte nur darauf, in den folgenden Tagen für einen Ausgleich durch mehr Sport zu sorgen.
Gemüse „all you can eat": Auch an diesem Leitsatz des BBC solltest du festhalten. So kannst du Phasen überbrücken, in denen du ein aufkommendes Hungergefühl verspürst und sonst zu einem ungesunden Snack greifen würdest. Wichtig sind weiterhin die Mandeln. Eine Portion davon (30 Gramm) solltest du immer bei dir haben. Mandeln eignen sich gerade unterwegs wunderbar als gesunder Snack und sind eiweiß- und mineralstoffreich.
Auch Rituale wie die Teatime solltest du beibehalten, um einmal am Tag entspannt zu reflektieren. Dass der Sport ein fester Bestandteil deines Lebens geworden ist, freut uns sehr. Du solltest dein Training fortführen und eventuell um eine weitere Sportart ergänzen. Ganz wichtig ist, dass das Krafttraining dein ständiger Begleiter wird. Du hast im Camp gelernt, dass die Muskulatur das größte Organ zur Fett- und Kohlenhydratverbrennung ist. So kannst du erstens den gefürchteten Jo-Jo-Effekt verhindern und profitierst zweitens von einer attraktiven und gestrafften Körperhaltung.
Anschließend noch ein Rat: Versuche, abends nicht zu kohlenhydratreich zu essen. Dein Körper wird es dir danken, denn wenn du am Abend viele Kohlenhydrate aufnimmst, werden dadurch zwei Hormone besonders beeinflusst. Zum einen das Insulin, das den Blutzuckerspiegel immer wieder ausgleichen muss und dabei leider auch die Verbrennung der Fette verhindert. Zum anderen, weniger bekannt, das Wachstumshormon, STH oder somatotropes Hormon, das vorwiegend nachts ausgeschüttet wird. Während es in der Jugend aus Klein Groß macht, uns also wachsen lässt, hat es im Erwachsenenalter andere Aufgaben. So sorgt es einerseits für unser Muskelwachstum und den Erhalt der Knochendichte, andererseits nimmt es eine wichtige Stellung bei der Mobilisierung der Fette aus den Fettzellen ein.

So, das war´s aber jetzt mit den guten Ratschlägen. Wir, deine Coaches, sind überzeugt, dass du von nun an deinen Weg allein gehen kannst. Das nötige Rüstzeug hast du im Camp und mit diesem Buch erhalten. Viel Erfolg auf deinem weiteren Weg.

Deine Coaches Silke und Heiner

ERFOLGS-GESCHICHTE

PIA K.

Ich heiße Pia und stamme aus Luxemburg. Ich bin 54 Jahre alt und wurde normalgewichtig geboren. Mit der Pubertät kam auch die Gewichtszunahme. Mobbing, Hänseleien, Getuschel usw.

Ich hatte unzählige Diäten hinter mir, habe aber nie wirklich abgenommen, zumindest nicht dauerhaft. Als ich vor sechs Jahren dann noch mit dem Rauchen aufgehört habe, kam der große Knall. 26 kg Gewichtszunahme. Ich glaube, mein Gewicht lag so um die 82 kg, als ich mir sagte: Jetzt ist Schluss.

Durch meine Krankheiten nahm ich eher schlecht als recht ab, es ging im Schneckentempo voran. Die Ärzte nahmen mir auch die Hoffnung. Sie meinten, mit Hashimoto, Wechseljahren, Asthma, Arthritis in Händen, Knien und Genick sowie Arthrose würde man nicht abnehmen können.

Umso glücklicher bin ich, dass ich es mit dem BBC geschafft habe.

Auf das Buch bin ich eher zufällig gestoßen. Ich stöberte bei Amazon, fand es und habe es sofort bestellt, was ich keine Sekunde bereue, im Gegenteil.

Und hier ist der Beweis für alle, die nicht an mich geglaubt haben. Angefangen habe ich mit 75,6 kg und ich wiege jetzt 69,3 kg, also –6,3 kg.

Ich danke Silke und Heiner von ganzem Herzen, dass sie mir und vielen anderen diese Chance gegeben haben.

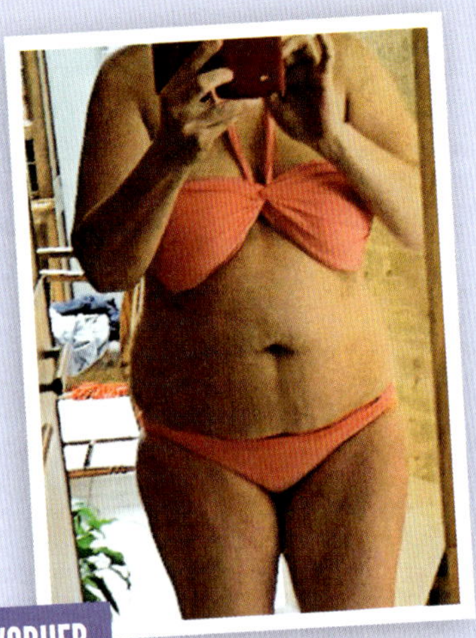

VORHER

NACHHER

ERGEBNIS

Gewicht: –6,3 kg

REZEPTREGISTER

BILDNACHWEIS

Fotografien:
Cover, S. 8, 154, 184: © Silvio de Negri
S. 7, 13, 48, 188, 155, 188: © Silke Kayadelen
S. 14: © shutterstock/Pressmaster
S. 16: © shutterstock/Africa Studio
S. 29: © shutterstock/ER_09
S. 30 oben: © shutterstock/airobody
S. 30 unten: © shutterstock/Tatiana Volgutova
S. 32: © shutterstock/vanillaechoes
S. 33, 36, 41, 71, 74, 98: © Gundula Piwowarczyk, BBClerin
S. 37, 42, 45, 52, 53, 66, 77, 78, 95, 102, 109, 110, 114: © Marion Zeilinger
S. 38: © shutterstock/Joleen Prior
S. 39, 43, 46, 49, 54, 64, 65, 67, 68, 70, 80, 81, 82, 83, 101, 104, 105, 106, 108, 115: © Stefania Lettini
S. 40: © shutterstock/Tina Bour
S. 44: © shutterstock/Mariemily Photos
S. 47: © shutterstock/Elisabeth Coelfen
S. 51: © shutterstock/Viktor1
S. 69: © shutterstock/ARENA Creative
S. 72: © shutterstock/Simone Voigt
S. 73: © shutterstock/Anna Hoychuk
S. 75: © shutterstock/Amallia Eka
S. 76: © shutterstock/zoryanchik
S. 79: © shutterstock/Nataliya Arzamasova
S. 84: © iStock/FSerega
S. 85: © iStock/gerenme
S. 94, 97, 113, 126, 130, 166, 168: © Silke Wagner
S. 96: © iStock/Inga Nielsen
S. 99: © iStock/DinaBS
S. 100: © shutterstock/margouillat photo
S. 103: © iStock/JoeGough
S. 107: © iStock/iko636
S. 111: © iStock/iuliia_n
S. 112: © iStock/OlgaLepeshkina
S. 123: © shutterstock/MaraZe
S. 127: © shutterstock/Olena Kaminetska
S. 132: © iStock/A_Lein
S. 133: © iStock/sugar0607
S. 135: © Ali T.
S. 136: © shutterstock/gosphotodesign
S. 139: © iStock/Lauri Patterson
S. 142: © shutterstock/Yeko Photo Studio
S. 144: © shutterstock/Dmytro Mykhailov
S. 151: © Tanja S.
S. 152: © Sonja K.
S. 157: © iStock/cook-and-style
S. 157: © Janina Krause
S. 160: © Melanie L.
S. 161: © shutterstock/Barbara Neveu
S. 167: © shutterstock/Olga Miltsova
S. 175: © iStock/igorr1
S. 176: © shutterstock/welcomia
S. 178: © shutterstock/MaraZe
S. 181: © iStock/UrosPoteko
Bilder der Teilnehmer/innen in den Erfahrungsberichten: © privat

Illustrationen:
© danielabarreto – Fotolia.com

HIER FINDEST DU

- NEUESTE INFORMATIONEN
- PERSÖNLICHE BEITRÄGE DEINER COACHES HEINER UND SILKE
- ANGEBOTE UND PRODUKTE RUND UM DAS BIKINI-BOOTCAMP
- AUSTAUSCH MIT ANDEREN BBCLERN
- UND VIELES MEHR